Compêndio de
Direito Tributário e
Ciência das Finanças

B465c Benemann, Saul Nichele
   Compêndio de Direito Tributário e Ciência das Finanças / Saul Nichele Benemann. — Porto Alegre: Livraria do Advogado, 1997.
   155p.; 14x21cm.

   ISBN 85-7348-030-0

   1. Direito Tributário. 2. Direito Financeiro. I. Título.

                              CDU 34:336.2
                                  34:336

   Índices para catálogo sistemático
   Direito Financeiro
   Direito Tributário

   (Bibliotecária responsável: Marta Roberto, CRB 10/652)

SAUL N. BENEMANN

Compêndio de Direito Tributário e Ciência das Finanças

livraria
DO ADVOGADO
editora

Porto Alegre
1997

© Saul N. Benemann, 1997

Capa, projeto gráfico e diagramação de
Livraria do Advogado / Valmor Bortoloti

Revisão de
Rosane Marques Borba

Direitos desta edição reservados por
Livraria do Advogado Ltda.
Rua Riachuelo, 1338
90010-273 Porto Alegre RS
Fone/fax: (051) 225 3311
E-mail: liv_adv@portoweb.com.br
Internet: http://www.liv-advogado.com.br

Impresso no Brasil / Printed in Brazil

Agradecimentos

Aos que me incentivaram à publicação destas anotações de aula, as quais serviram de instrumento a muitos de meus colegas, que delas se serviram para vencer concursos, hoje no pináculo de suas profissões de economistas e de advogados, agradeço. No entanto, não me envaideço, porque lembro daquela figura exponencial que para nos ajudar no nosso desejo de erguer o véu dos tempos que virão, que pesquisou dezenas de outros tão sábios quanto ele, que ensinou mais por amor do que pelas migalhas que ganhava, refiro-me e, pela presente, presto homenagem aos *professores* destas cátedras.

"A todo homem deve-se mostrar o que há em seu interior para dar-lhe a oportunidade de se corrigir.
E mostrar-lhe o que há em seu exterior, para que aprenda a amar o próximo como a si mesmo."

Robert Louis Stevenson
(1850-1894) Escritor escocês

Sumário

Introdução 15

Parte I - Ciências das Finanças 27
1. Atividade financeira do Estado 29
   1.1. Necessidade 29
   1.1.1. Critérios de classificação das necessidades 29
   1.2. Serviço Público 30
   1.2.1. Origem da atividade financeira do Estado 31
2. Fenômenos financeiros 33
3. Ciências das finanças 34
4. Direito financeiro 36
   4.1. Autonomia do Direito Financeiro 36
   4.2. Despesa pública 37
   4.2.1. Definição 37
   4.2.2. Histórico 37
   4.2.3. Elementos que compõem a despesa pública 38
   4.3. Confronto entre despesa pública e depesa privada ... 39
   4.4. Condições de legitimidade política da despesa pública . 40
   4.5. Fiscalização no Brasil 40
   4.6. Classificação da Despesa Pública 41
   4.7. Aumento contínuo da Despesa Pública 43
   4.8. Universalidade do Fenômeno 43
   4.9. Leis de Wagner 43
   4.10. Críticas dos italianos 44
   4.11. Os dois tipos de aumento da despesa pública 44
   4.11.1. Causas do aumento aparente da despesa pública .. 44
   4.11.2. Causas do aumento real da despesa pública 45
   4.12. Sintese de Direito Financeiro e Ciência das Finanças,
         de Alvarenga Bernarde e Almeida Filho 46
   4.12.1. Classificação 47
   4.12.2. Crescimento da despesa pública 47
5. Receita pública 50
   5.1. Definições 50

5.1.1. Sumário histórico da Receita Pública 50
5.1.2. Divisão da receita 51
5.2. Classificação da receita 51
5.3. Primeira classificação de Seligmann 52
5.4. Segunda classificação de Seligmann 52
5.5. Classificação de Einaudi 52
5.6. Classificação de Baleeiro 53
5.7. Classificação legal brasileira 54
5.8. Receitas correntes 54
5.9. Receitas de capital 55
5.10. Organização financeira 55
5.11. Receitas ordinárias 55
5.11.1. Divisão dos bens públicos 56
5.11.2. Distinções entre bens de domínio privado e bens de domínio público do Estado 56
5.12. Quadro de resumo das Receitas Ordinárias 57
5.13. Bens dominiais do Estado 58
5.13.1. As indústrias 58
5.14. Classificação de receita por Einaudi 59
5.15. Teoria dos preços de Baleeiro 61
5.16. A exploração do Estado do domínio privado 62
5.17. Divisão do monopólio estatal 62
5.18. Formas jurídicas de execução dos sistemas de monopólios estatais 63
5.19. Receitas derivadas 64
5.19.1. Os tributos 64
5.19.2. Reparações de guerra 64
5.19.3. Penas pecuniárias 65
5.20. Conceito de contribuição de melhoria 65
5.21. Fundamento ético da contribuição de melhoria 65
5.22. Legislação 67
5.23. Contribuição de melhoria sob o ponto de vista do Direito Financeiro 67
5.24. Breve histórico da taxa 67
5.25. Definição de taxa 68
5.26. Obrigatoriedade da taxa 69
5.27. Fator gerador da taxa 69
5.28. Utilização do serviço público específico 70
5.29. Poder de polícia 70
5.30. Distinções entre taxa e preço 71
5.31. Importância política da distinção entre impostos e taxas 72
5.32. Definição de imposto 73
5.33. Características fundamentais do imposto 74
5.34. Teorias éticas fundamentais para a cobrança do imposto 75

5.35. Teoria do dever social 76
5.36. Discussão entre o bem ou o mal do imposto 76
5.37. Princípios que os impostos devem reunir para atingir a finalidade 76
5.38. Máximas de Adam Smith sobre o imposto 76
5.39. Distinção entre imposto e outros tributos 77
5.40. A renda e o capital suportam os impostos 78
5.41. Capacidade contributiva 79
5.42. Os limites da tributação 79
5.43. Critério de classificação dos impostos 80
5.43.1. Primeira classificação 80
5.43.2. Segunda classificação 81
5.43.3. Terceira classificação 82
5.44. Reações dos contribuintes 83
5.44.1. Evasão fiscal 83
5.45. Efeitos da evasão fiscal legítima e ilegítima 85
5.45.1. Repercussão 85
5.45.2. Condições que dificultam ou favorecem a repercussão 87
5.46. Difusão 89
5.47. Elisão 89
5.48. Amortização 89
5.49. Capitalização 90
5.50. Distinção entre absorção e amortização 90
5.51. Transformação 90
6. Crédito público 92
6.1. Definição 92
6.2. Distinção entre crédito público e crédito particular ... 92
6.3. É justo que o Estado transfira o ônus da sua dívida para gerações futuras? 93
6.4. Empréstimo público como processo financeiro 94
6.5. O crédito público como processo de encargos no tempo . 94
6.6. Limites da dívida pública 95
6.7. Definição de empréstimo público 95
6.8. Natureza jurídica dos empréstimos públicos 95
6.9. Classificação dos empréstimos públicos 96
6.9.1. Quanto ao local de lançamento 96
6.9.2. Quanto ao modo de lançamento 97
6.9.3. Quanto ao prazo 98
6.9.4. Quanto à relação entre o valor nominal do título e o valor real de lançamento 98
6.10. Definição de dívida pública 99
6.11. Classificação de dívida pública 99
6.12. Como são emitidos os títulos da dívida pública 100
7. Orçamento público 101
7.1. Definições 101

7.1.1. Natureza jurídica do orçamento 101
7.1.2. Aspecto técnico do orçamento 101
7.2. Princípios fundamentais do orçamento 102
7.3. Elaboração do orçamento 103
7.3.1. Fixação da despesa 103
7.3.2. Estimativa da receita 104
7.4. Aprovação e execução do orçamento 104
7.4.1. Crédito suplementar 105
7.4.2. Crédito especial 105
7.4.3. Crédito extraordinário 105
7.5. Fiscalização do orçamento 106

Parte II - Direito Tributário 107
  1. Parte Geral do Direito Tributário 109
    1.1. Definição 109
    1.2. Autonomia e princípios 109
    1.3. Natureza 110
    1.4. Fontes 110
    1.5. Vigência 111
    1.6. Interpretação da Lei Tributária 111
  2. Obrigação Tributária 113
    2.1. Definição 113
    2.2. Espécie 113
    2.3. Natureza jurídica 113
    2.4. Fontes 114
    2.5. Elementos 115
    2.5.1. Primeiro elemento 115
    2.5.2. Segundo elemento 116
    2.5.2.1. Espécies de sujeito passivo 116
    2.5.2.2. Ressalva do CTN quanto ao sujeito passivo 116
    2.5.2.3. Divisão do sujeito passivo 116
    2.5.2.4. Domicílio tributário do sujeito passivo 116
    2.5.2.5. Capacidade tributária do sujeito passivo 117
    2.5.2.6. Responsabilidade tributária do sujeito passivo . . . 117
    2.5.3. Terceiro elemento 118
    2.5.4. Quarto elemento 119
  3. Crédito Tributário 121
    3.1. Características 121
    3.2. Lançamento 121
    3.2.1. Elementos integrantes 122
    3.2.2. Funções do lançamento 122
    3.2.3. Natureza jurídica do lançamento 122
    3.2.4. Modalidades de lançamento 123
    3.2.4.1. Lançamento direto 123
    3.2.4.2. Lançamento por declaração 124

3.2.4.3. Lançamento por homologação 124
3.2.5. Possibilidade de revisão do lançamento 124
4. Extinção da obrigação tributária 125
  4.1. Introdução 125
  4.2. Extinção do crédito tributário 129
    4.2.1. Pagamento 130
    4.2.2. Compensação 133
    4.2.3. Transação 135
    4.2.4. Remissão 136
    4.2.5. Prescrição e decadência 137
    4.2.6. Conversão de depósito em renda 137
    4.2.7. Pagamento antecipado e a homologação do
           lançamento 138
    4.2.8. Consignação em pagamento 138
    4.2.9. Decisão administrativa irreformável 139
    4.2.10. Decisão judicial em julgado 140
  4.3. Decadência e prescrição à luz da doutrina e da
       jurisprudência 141
    4.3.1. Decadência 141
    4.3.2. Prescrição 142
  4.4. Conclusão 153

Bibliografia 155

Introdução

A vida do homem decorre em viver em sociedade, isto é, com outros indivíduos, desde o berço até o túmulo. A primeira das vinculações do homem é a família. O segundo seria a vila, aldeia. A igreja, a profissão e por último, a sociedade política, que é o Estado.

O Estado se organiza através de convenções, usos e costumes na conduta dos integrantes. As opiniões dominantes, os preconceitos os comportamentos padronizados exercem pressão sobre os indivíduos, demais integrantes da sociedade, que não desejam a censura ou reprovação da maioria do grupo em que vivem.

A sociedade se organiza, e fica submetida a uma autoridade, a qual representa o todo, com finalidades sociais. Isto significa que os membros da sociedade devem obedecer a normas ou regras nas relações entre si. Assim, em termos, nasce o Estado, o Poder.

No mundo moderno, em que se esforça conscientemente, de maneira organizada, convergem-se para a consecução de determinados fins que, em sentido amplo, seria a da vontade organizada, orientada para um fim, de caráter econômico ou não, de natureza pública ou privada, que em sentido macro, quando a sociedade que falamos é o Estado, chamamos de Administração do Estado, que poderíamos dizer que é a soma das ações e manifestações da vontade dos integrantes do Estado, submetidas à direção do Chefe de Estado.

Frente ao exposto, podemos então dizer que a Administração do Estado ou Administração Pública é uma das funções do Estado que tem por fim direto a satisfação das necessidades públicas através de atos concretos, dentro da ordem jurídica e de acordo com os fins da lei. (Seg. José Cretella Junior)

O Administrador Público, para poder realizar as funções do Estado, necessita de meios, fontes de onde vai retirar o numerário para que seja possível executar sua tarefa.

As fontes advêm de fatos tributários, que são a renda, patrimônio, transmissão de bens, serviços, importação, exportação, circulação, distribuição, consumo, etc. (fontes materiais)

Para surtir efeito, deve ser introduzida neste campo, uma forma, que nada mais é do que o processo legislativo, feito pelo Poder Legislativo, elaborando uma Lei Tributária, a qual cria a partir das fontes materiais citadas anteriormente, lei criando um imposto sobre a renda, de transmissão de bens imóveis, imóveis, de importação, exportação, etc.

A *Constituição Federal* é a fonte primeira e mais importante, pois nela está contida os princípios que regulam todo o Sistema Tributário Nacional.

A Constituição Federal informa que o Processo Legislativo compreende a elaboração de:
- emendas à Constituição,
- leis complementares,
- leis ordinárias,
- leis delegadas,
- medidas provisórias,
- decretos legislativos e
- resoluções.

A nossa Constituição Federal, no Título VI, que trata da *Tributação e do Orçamento*, no Capítulo I, trata do Sistema Tributário Nacional; na Seção I, quando trata dos Princípios Gerais, assim se manifesta:

"Art. 145. A União, o Distrito Federal e os Municípios poderão instituir os seguintes tributos:
I - impostos;
II - taxas, em razão do exercício do poder de polícia ou pela utilização, efetiva ou potencial, de serviços públicos específicos e divisíveis, prestados ao contribuinte ou postos a sua disposição;
III - contribuição de melhoria, decorrente de obras públicas.

§ 1º - Sempre que possível, os impostos terão caráter pessoal e serão graduados segundo a capacidade econômica do contribuinte, facultado à administração tributária, especialmente para conferir efetividade a esses objetivos, identificar, respeitados os direitos individuais e nos termos da lei, o patrimônio, os rendimentos e as atividades econômicas do contribuinte.

§ 2º - As taxas não poderão ter base de cálculo própria de impostos.

Art. 146. Cabe à lei complementar:
I - dispor sobre conflitos de competência em matéria tributária, entre a União, os Estados, o Distrito Federal e os Municípios;
II - regular as limitações constitucionais ao poder de tributar;
III - estabelecer normas gerais em matéria de legislação tributária, especialmente sobre:
a) definição de tributos e de suas espécies, bem como, em relação aos impostos discriminados nesta Constituição, a dos respectivos fatos geradores, bases de cálculo e contribuintes;
b) obrigação, lançamento, crédito, prescrição e decadência tributários;
c) adequado tratamento tributário ao ato cooperativo praticado pelas sociedades cooperativas.

Art. 147. Competem à União, em Território Federal, os impostos estaduais e, se o Território não for dividido em Municípios, os cumulativamente, e os impostos municipais; ao Distrito Federal cabem os impostos municipais.

Art. 148. A União, mediante lei complementar, poderá instituir empréstimos compulsórios:

I - para atender a despesas extraordinárias, decorrentes de calamidade pública, de guerra externa ou sua iminência;

II - no caso de investimento público de caráter urgente e de relevante interesse nacional, observado o disposto no art. 150, III, *b*.

Parágrafo único. A aplicação dos recursos provenientes de empréstimo compulsório será vinculada à despesa que fundamentou sua instituição.

Art. 149. Compete exclusivamente à União instituir contribuições sociais, de intervenção no domínio econômico e de interesse de categorias profissionais ou econômicas, como, instrumento de sua atuação nas respectivas áreas, observado o disposto nos arts. 146, III e 150, I e III, e sem prejuízo do previsto no art. 195, § 6º, relativamente às contribuições a que alude o dispositivo.

Parágrafo único. Os Estados, o Distrito Federal e os Municípios poderão instituir contribuição, cobrada de seus servidores, para o custeio, em benefício destes, de sistemas de previdência e assistência social.

Seção II - DAS LIMITAÇÕES DO PODER DE TRIBUTAR

Art. 150. Sem prejuízo de outras garantias asseguradas ao contribuinte, é vedado à União, aos Estados, ao Distrito Federal e aos Municípios:

I - exigir ou aumentar tributo sem lei que o estabeleça;

II - instituir tratamento desigual entre contribuintes que se encontrem em situação equivalente, proibida qualquer distinção em razão de ocupação profissional ou função por eles exercida, independentemente da denominação jurídica dos rendimentos, títulos ou direitos;

III - cobrar tributos:

a) em relação a fatos geradores ocorridos antes do início da vigência da lei que os houver instituído ou aumentado;

b) no mesmo exercício financeiro em que haja sido publicada a lei que os instituiu ou aumentou;

IV - utilizar tributo com efeito de confisco;

V - estabelecer limitações ao tráfego de pessoas ou bens, por meio de tributos interestaduais ou intermunicipais, ressalvada a cobrança de pedágio pela utilização de vias conservadas pelo Poder Público;

VI - instituir impostos sobre:

a) patrimônio, renda ou serviços, uns dos outros;

b) templos de qualquer culto;

c) patrimônio, renda ou serviços dos partidos políticos, inclusive suas fundações, das entidades sindicais dos trabalhadores, das instituições de educação e de assistência social, sem fins lucrativos, atendidos os requisitos da lei;

d) livros, jornais, periódicos e o papel destinado a sua impressão.

§ 1º - A vedação do inciso III, *b*, não se aplica aos impostos previstos nos arts. 153, I, II, IV e V e 154, II.

§ 2º - A vedação do inciso VI, *a* é extensiva às autarquias e às fundações instituídas e mantidas pelo Poder Público, no que se refere ao patrimônio, à renda e aos serviços, vinculados a sua finalidades essenciais ou às delas decorrentes.

§ 3º - As vedações do inciso IV, *a*, e do parágrafo anterior não se aplicam ao patrimônio, à renda e aos serviços, relacionados com exploração de atividades econômicas regidas pelas normas aplicáveis a empreendimentos privados, ou em que haja contraprestação ou pagamento de preços ou tarifas pelo usuário, nem exonera o promitente comprador da obrigação de pagar imposto relativamente ao bem imóvel.

§ 4º - As vedações expressas no inciso IV, alíneas *b* e *c*, compreendem somente o patrimônio, a renda e os serviços, relacionados com as finalidades essenciais das entidades nelas mencionadas.

§ 5º - A lei determinará medidas para que os consumidores sejam esclarecidos acerca dos impostos que incidam sobre mercadorias e serviços.

§ 6º - Qualquer anistia ou remissão que envolva matéria tributária ou previdenciária só poderá ser concedida através de lei específica, federal, estadual ou municipal.

Art. 151. É vedado à União:

I - instituir tributo que não seja uniforme em todo o território nacional ou que implique distinção ou preferência em relação a Estado, ao Distrito Federal, ou a Município, em detrimento de outro, admitida a concessão de incentivos fiscais destinados a promover o equilíbrio do desenvolvimento socioeconômico entre as diferentes regiões do País;

II - tributar a renda das obrigações da dívida pública dos Estados, do Distrito Federal e dos Municípios, bem como a remuneração e os proventos dos respectivos agentes públicos, em níveis superiores aos que fixar para suas obrigações e para seus agentes;

III - instituir isenções de tributos da competência dos Estados, do Distrito Federal ou dos Municípios.

Art. 152. É vedado aos Estados, ao Distrito Federal e aos Municípios estabelecer diferença tributária entre bens e serviços, de qualquer natureza, em razão de sua procedência ou destino.

Seção III - DOS IMPOSTOS DA UNIÃO

Art. 153. Compete à União instituir impostos sobre:

I - importação de produtos estrangeiros;

Encarte de retificação

A Emenda Constitucional nº 3, de 17/03/1993, alterou a redação do § 6º, do art. 150, acrescentando também o § 7º, com as seguintes redações:

§ 6º - Qualquer subsídio ou isenção, redução de base de cálculo, concessão de crédito presumido, anistia ou remissão, relativos a impostos, taxas ou contribuições, só poderá ser concedido mediante lei específica, federal, estadual ou municipal, que regule exclusivamente as matérias acima enumeradas ou o correspondente tributo ou contribuição, sem prejuízo do disposto no art. 155, § 2º, XII, g.

§ 7º - A lei poderá atribuir a sujeito passivo de obrigação tributária a condição de responsável pelo pagamento de imposto ou contribuição, cujo fato gerador deva ocorrer posteriormente, assegurada a imediata e preferencial restituição da quantia paga, caso não se realize o fato gerador presumido.

II - exportação, para o exterior, de produtos nacionais ou nacionalizados;
III - renda e proventos de qualquer natureza;
IV - produtos industrializados;
V - operações de crédito, câmbio e seguro, ou relativas a títulos ou valores mobiliários;
VI - propriedade territorial rural;
VII - grandes fortunas, nos termos da lei complementar.

§ 1º - É facultado ao Poder Executivo, atendidas as condições e os limites estabelecidos em lei, alterar as alíquotas dos impostos enumerados nos incisos I, II, IV e V.

§ 2º - O imposto previsto no inciso III:
I - será informado pelos critérios da generalidade, da universalidade e da progressividade, na forma da lei;
II - não incidirá, nos termos e limites fixados em lei, sobre rendimentos provenientes de aposentadoria e pensão, pagos pela previdência social da União, dos Estados, do Distrito Federal e dos Municípios, a pessoa com idade superior a sessenta e cinco anos, cuja renda total seja constituída, exclusivamente, de rendimentos de trabalho.

§ 3º - O imposto previsto no inciso IV:
I - será seletivo, em função da essencialidade do produto;
II - será não-cumulativo, compensando-se o que for devido em cada operação com o montante cobrado nas anteriores;
III - não incidirá sobre produtos industrializados destinados ao exterior.

§ 4º - O imposto previsto no inciso VI terá suas alíquotas fixadas de forma a desestimular a manutenção de propriedades improdutivas e não incidirá sobre pequenas glebas rurais, definidas em lei, quando as explore, só ou com uma família, o proprietário que não possua outro imóvel.

§ 5º - O ouro, quando definido em lei como ativo financeiro ou instrumento cambial, sujeita-se exclusivamente à incidência do imposto de que trata o inciso V do *caput* deste artigo, devido na operação de origem; a alíquota mínima será de um por cento, assegurada a transferência do montante da arrecadação nos seguintes termos:

I - trinta por cento para o Estado, o Distrito Federal ou o Território, conforme a origem;

II - setenta por cento para o Município de origem.

Art. 154. A União poderá instituir:

I - mediante lei complementar, impostos não previstos no artigo anterior, desde que sejam não-cumulativos e não tenham fato gerador ou base de cálculo próprios dos discriminados nesta Constituição;

II - na iminência ou caso de guerra externa, impostos extraordinários, compreendidos ou não em sua competência tributária os quais serão suprimidos, gradativamente, cessadas as causas de sua criação.

Seção IV - DOS IMPOSTOS DOS ESTADOS E DO DISTRITO FEDERAL

Art. 155. Compete aos Estados e ao Distrito Federal instituir:

I - impostos sobre:

a) transmissão *causa mortis* e dação, de quaisquer bens ou direitos;

b) operações relativas à circulação de mercadorias e sobre prestações de serviços de transporte interestadual e intermunicipal e de comunicação, ainda que as operações e as prestações se iniciem no exterior;

c) propriedade de veículos automotores;

II - adicional de até cinco por cento do que for pago à União por pessoas físicas ou jurídicas domiciliadas nos respectivos territórios, a título do imposto previsto no art. 153, III, incidente sobre lucros, ganhos e rendimentos de capital.

§ 1º - O imposto previsto no inciso I, *a*:

I - relativamente a bens imóveis e respectivos direitos, compete ao Estado da situação do bem, ou ao Distrito Federal;

II - relativamente a bens móveis, títulos e créditos, compete ao Estado onde se processar o inventário ou arrolamento, ou tiver domicílio o doador, ou ao Distrito Federal;

III - terá a competência para sua instituição regulada por lei complementar:

a) se o doador tiver domicílio ou residência no exterior;

b) se o *de cujus* possuía bens, era residente ou domiciliado ou teve o seu inventário processado no exterior;

IV - terá suas alíquotas máximas fixadas pelo Senado Federal.

§ 2º - O imposto previsto no inciso I, *b*, atenderá ao seguinte:

I - será não-cumulativo, compensando-se o que for devido em cada operação relativa à circulação de mercadorias ou prestação de serviço com o montante cobrado nas anteriores pelo mesmo ou outro Estado ou pelo Distrito Federal;

II - a isenção ou não-incidência, salvo determinação em contrário da legislação:

a) não implicará crédito para compensação com o montante devido nas operações ou prestações seguintes;

b) acarretará a anulação do crédito relativo às operações anteriores;

III - poderá ser seletivo, em função da essencialidade das mercadorias e dos serviços;

IV - resolução do Senado Federal, de iniciativa do Presidente da República ou de um terço dos Senadores, aprovada pela maioria absoluta de seus membros, estabelecerá as alíquotas aplicáveis às operações e prestações, interestaduais e de exportação;

V - é facultado ao Senado Federal:

a) estabelecer alíquotas mínimas nas operações internas, mediante resolução de iniciativa de um terço e aprovada pela maioria absoluta de seus membros;

b) fixar alíquotas máximas nas mesmas operações para resolver conflito específico, que envolva interesse de Estados, mediante resolução de iniciativa da maioria absoluta e aprovada por dois terços de seus membros;

VI - salvo deliberação em contrário dos Estados e do Distrito Federal, nos termos do disposto no inciso XII.g, as alíquotas internas, nas operações relativas à circulação de mercadorias e nas prestações de serviços, não poderão ser inferiores às previstas para as operações interestaduais;

VII - em relação às operações e prestações que destinem bens e serviços a consumidor final localizado em outro Estado, adotar-se-á:

a) a alíquota interestadual, quando o destinatário for contribuinte do imposto;

b) a alíquota interna, quando o destinatário não for contribuinte dele;

VIII - na hipótese da alínea *a* do inciso anterior, caberá ao Estado da localização do destinatário o imposto correspondente à diferença entre a alíquota interna e interestadual;

IX - incidirá também:

a) sobre a entrada de mercadoria importada do exterior, ainda quando se tratar de bem destinado a consumo ou ativo fixo do estabelecimento, assim como sobre serviço prestado no exterior, cabendo o imposto ao Estado onde estiver situado o estabelecimento destinatário da mercadoria ou do serviço;

b) sobre o valor total da operação, quando mercadorias forem fornecidas com serviços não compreendidos na competência tributária dos Municípios;

X - não incidirá:

a) sobre operações que destinem ao exterior produtos industrializados, excluídos os semi-elaborados definidos em lei complementar;

b) sobre operações que destinem a outros Estados petróleo, inclusive lubrificantes, combustíveis líquidos e gasosos dele derivados, e energia elétrica;

c) sobre o ouro, nas hipóteses definidas no art. 153, § 5º;

XI - não compreenderá, em sua base de cálculo, o montante do imposto sobre produtos industrializados, quando a operação, realizada entre contribuintes e relativa a produto destinado à industrialização ou à comercialização, configure fato gerador dos dois impostos;

XII - cabe à lei complementar:

a) definir seus contribuintes;

b) dispor sobre substituição tributária;

c) disciplinar o regime de compensação do imposto;

d) fixar, para efeito de sua cobrança e definição do estabelecimento responsável, o local das operações relativas à circulação de mercadorias e das prestações de serviços;

e) excluir da incidência do imposto, nas exportações para o exterior, serviços e outros produtos além dos mencionados no inciso X, *a*;

f) prever casos de manutenção de crédito, relativamente à remessa para outro Estado e exportação para o exterior, de serviços e de mercadorias;

g) regular a forma como, mediante deliberação dos Estados e do Distrito Federal, isenções, incentivos e benefícios fiscais serão concedidos e revogados.

§ 3º - À exceção dos impostos de que tratam o inciso I, *b*, do *caput* deste artigo e os arts. 153, I e II, e 156, III, nenhum outro tributo incidirá sobre operações relativas a energia elétrica, combustíveis líquidos e gasosos, lubrificantes e minerais do País.

Seção V - DOS IMPOSTOS DOS MUNICÍPIOS

Art. 156. Compete aos Municípios instituir impostos sobre:

I - propriedade predial e territorial urbana;

II - transmissão *inter vivos*, a qualquer título, por ato oneroso, de bens imóveis, por natureza ou acessão física, e de direitos reais sobre imóveis, exceto os de garantia, bem como cessão de direitos a sua aquisição;

III - vendas a varejo de combustíveis líquidos e gasosos, exceto óleo diesel;

IV - serviços de qualquer natureza, não compreendidos no art. 155, I, *b*, definidos em lei complementar;

§ 1º - O imposto previsto no inciso I poderá ser progressivo, nos termos de lei municipal, de forma a assegurar o cumprimento da função social da propriedade.

§ 2º - O imposto previsto no inciso II:

I - não incide sobre a transmissão de bens ou direitos incorporados ao patrimônio da pessoa jurídica em realização de capital, nem sobre a transmissão de bens ou direitos decorrente de fusão, incorporação, cisão ou extinção de pessoa jurídica, salvo se, nesses casos, a atividade preponderante do adquirente for a compra e venda desses bens ou direitos, locação de bens imóveis ou arrendamento mercantil;

II - compete ao Município da situação do bem.

§ 3º - O imposto previsto no inciso III não exclui a incidência do imposto estadual previsto no art. 155, I, *b*, sobre a mesma operação.

§ 4º - Cabe à lei complementar:

I - fixar as alíquotas máximas dos impostos previstos nos incisos III e IV;

II - excluir da incidência do imposto previsto no inciso IV exportações de serviços para o exterior."

Parte I

CIÊNCIA DAS FINANÇAS

1. Atividade financeira do Estado

1.1. NECESSIDADE

É a carência, a falta de um determinado bem, conseqüentemente, bem é tudo aquilo que serve para satisfazer uma determinada necessidade.

As necessidades podem ser:
a) *Individuais* - São as sentidas pelo homem como um ser isolado, não integrado na sociedade. São necessidades individuais elementares, tais como: alimentação, vestuário, moradia, etc.

b) *Coletivas* - São as sentidas pelo homem como integrantes da coletividade. São consideradas na vida comunitária, pois o homem é um ser social por excelência.

As necessidades coletivas subdividem-se em:

Necessidades coletivas privadas: são satisfeitas pela atividade econômica particular;

Necessidades coletivas públicas: são satisfeitas pelo Estado.

Acontece que muitas vezes é difícil precisar essas necessidades, se públicas ou privadas. Ex.: a educação é uma necessidade pública coletiva, que tanto pode ser satisfeita pelo Estado, como pela iniciativa particular.

1.1.1. Critérios de classificação das necessidades

a) *o econômico* (egoístico)

Assim, necessidade coletiva pública seria aquela que fosse satisfeita da melhor maneira e a menor custo possível pelo Estado; e seria necessidade coletiva particular aquela que fosse satisfeita da melhor maneira e a menor custo possível pelos particulares.

b) *o histórico*
Seria necessidade coletiva pública quando fosse sentida pelo maior número possível de elementos componentes da sociedade. Aqui, teríamos como ex.: o regime absolutista, cujo expoente máximo foi Luis XIV "L'Etat c'est moi" Assim, quando a necessidade fosse sentida por um só elemento, seria necessidade particular.

c) *o interesse*
Para distinguir-se a necessidade pública da privada deveria ter-se em mente: quando na satisfação das mesmas prevalecesse o interesse público, seria uma necessidade coletiva pública; quando na satisfação da necessidade coletiva prevalecesse o interesse individual, seria uma necessidade coletiva privada.

d) *o político*
Necessidade coletiva pública seria toda aquela que fosse satisfeita pelo Estado, mediante critério do legislador ou do governante, quando o Estado se avocasse o direito de satisfazer determinada necessidade coletiva. Assim, a educação é uma necessidade coletiva privada na PUC, e uma necessidade coletiva pública na UFRGS.

Esse foi o critério mais aceito, exposto Barrère, Alain.

1.2. SERVIÇO PÚBLICO

É o emprego pelo Estado de homens e bens na satisfação de necessidades públicas. O Estado tem por finalidade a satisfação de necessidades coletivas públicas. Como? Utilizando pessoas e bens. Necessita de *recursos*, meios, para remunerar os serviços, e obtém esses recursos através da *atividade financeira*. Essa atividade, a financeira, se distingue das demais atividades do Estado, as outras são atividades *fins* - por ex.: a educação, saúde, segurança, etc.

A atividade financeira é uma atividade *meio*. Proporciona elementos, recursos, meios, para o Estado executar seus fins.

A atividade financeira do Estado se realiza em três fases distintas:

a) *Obtenção* - de recursos para atender as necessidades coletivas públicas.

b) *Gestão* - arrecadados esses recursos, ele precisa administrá-los, geri-los.

c) *Utilização* (emprego) - desses recursos satisfazendo as necessidades coletivas públicas.

Essa atividades não se desenvolvem num ato instantâneo, é um conjunto de atos e fatos, que a semelhança das ciências físicas, denominamos de fenômenos - fenômenos financeiros.

1.2.1. Origem da Atividade Financeira do Estado

Teoria do Consumo (Say e Smith) - O Estado não produz, consome. Consumo inútil de riqueza.

Teoria da Troca (Senior e Bastiat) - Por esta teoria, há uma permuta entre o Estado e os cidadãos de bens e riquezas e serviços.

Teoria da Produção - Por esta teoria, a Atividade do Estado é produtiva. Apresenta três ramos:

a) *Teoria da produção direta* (Wagner) - O Estado transforma os bens em serviços que retira dos particulares.

b) *Teoria da Produção indireta* (Stein) - O Estado proporciona recursos para que se produzam bens.

c) *Teoria Catalizadora* (Dietzel) - O Estado cataliza a produção de bens.

Teoria das Finanças de Classe (Lórea) - O Estado explora a classe que está fora do poder. Reflete as necessidades da classe dominante.

Teoria da necessidade relativa ou marginal (Salermo) - Os indivíduos preferem entregar ao Estado parte de suas rendas, para que haja maior utilidade, para que o Estado satisfaça as necessidades mais preementes.

Teoria de Jèze - A atividade financeira do Estado é a repartição de encargos entre os cidadãos.

2. Fenômenos financeiros

É aquele conjunto de atos e fatos que consistem *a gestão financeira do Estado*.

A exemplo das ciências químicas e físicas, que têm leis determinadas: lei da composição HHO = H2O - as leis financeiras são leis fatais. A atividade financeira do Estado apresenta uma semelhança com as ciências físico-químicas.

Havendo um aumento de impostos na produção industrial, há um aumento no preço do produto. Nem sempre isso ocorre, em determinadas situações de mercado o comerciante tem que suportar o ônus do imposto.

Os fenômenos financeiros do Estado apresentam três características principais:

a) *uma repartição de ônus* - de manutenção do Estado entre os cidadãos. Para obter recursos, o Estado tira um pouco de cada cidadão, reparte entre os mesmos a manutenção do Estado.

b) *essa repartição se faz coercitivamente* - o Estado obriga, coage a essa satisfação pecuniária.

c) *Redistribuição* - quando o Estado passa a empregar os recursos arrecadado faz uma redistribuição da parte da renda nacional. Distribui a quem lhe presta serviços, bens e materiais. Promove uma redistribuição da renda nacional.

3. Ciências das finanças

A atividade financeira do Estado se desenvolve em três fases:
a) *obtenção* = receita pública - crédito público
b) *gestão* = orçamento público
c) *utilização* = despesa pública.

Veiga Filho - Ciências das Finanças: pela observação, estuda os princípios ou as leis gerais que regem a despesa, o crédito, o orçamento e a receita pública.

Natureza da ciência das finanças. É meramente especulativa, não é jurídica - em 2° lugar é ciência social - em 3° lugar é ciência política, porque se refere a uma atividade do Estado - em 4° é ciência econômica.

Divisão da ciências das finanças: despesa pública; crédito público; receita pública; orçamento público.

Método da ciência das finanças (seria ideal se se pudesse empregar o método experimental, entretanto é impossível). Os métodos são dois:

Método indutivo - parte do particular e vai ao geral.

Método dedutivo - parte do geral e vai ao particular.

Além desses métodos, usa-se:

Método histórico - análise da atividade financeira do Estado através dos tempos.

Método estatístico - consiste em dados matemáticos através dos quais se pode chegar a soluções.

A. Baleeiro sugere que seja empregado o método geofísico chamado *método das comparações sucessivas*.

Autonomia das ciências das finanças. A autonomia pode ser verificada por quatro aspectos:

a) *doutrinário* - alguns autores chamam-na Economia Financeira. Mas a maioria dos autores aceita a autonomia da Ciência das Finanças no campo doutrinário;

b) *didático* - já em fins do século XIX, essa disciplina figurava em todas as faculdades de direito na Europa; a partir de 1930 no Brasil;

c) *científico* - Direito Positivo - o objeto da Economia Política é atividade financeira particular. O objeto da Ciência Financeira é atividade financeira do Estado;

d) *processo próprio*.

Relações da Ciência das Finanças.

Em 1º lugar - com Economia Política

Em 2º lugar - com os vários ramos do Direito Financeiro - Tributário - Constitucional - Penal - Civil - Comercial - Administrativo

Em 3º lugar com a Sociologia

Em 4º lugar - com a Psicologia (Psicologia Financeira).

Além disso, vários autores relacionam três ciências auxiliares da Ciência das Finanças:

História - Estudos financeiros através dos tempos

Estatística

Contabilidade Pública.

4. Direito financeiro

O 1º tratado sobre Direito Financeiro é do alemão Myrbach Rheinfelf (1910). Definiu ele o Direito Financeiro como o ramo do Direito Público que tem por objeto a regulamentação jurídica da atividade financeira das coletividades públicas.

O Direito Financeiro tem dois aspectos: institucional ou estático; dinâmico.

Ingresso (1937) - ramo do Direito Público que disciplina juridicamente as finanças do Estado e as relações jurídicas por ele criadas em decorrência da sua atividade financeira. De acordo com esta teoria, vemos duas faces no Direito Financeiro: uma estática; outra, a face das relações jurídicas em decorrência de sua atividade financeira.

O Direito Financeiro atende a três doutrinas para se classificar como ramo do Direito Público:

a) Sujeito de direito - será ramo do Direito Público cujo sujeito for pessoa de Direito Público;

b) Interesse protegido - se o interesse for público, será direito público;

c) Norma (natureza) - se for norma cogente, será de Direito Público.

Todas as normas de Direito Financeiro, são cogentes.

4.1. AUTONOMIA DO DIREITO FINANCEIRO

Doutrina - A maioria dos autores considera o Direito Financeiro autônomo doutrinariamente.

Didático - Aqui também se conclui que o Direito Financeiro é autônomo.
Direito positivo - A própria Constituição dá competência à União para legislar sobre Direito Financeiro.
Código Tributário - O Código afirma a autonomia do Direito Financeiro.
A autonomia do Direito Financeiro pode ser estabelecida pelo critério *científico-jurídico*. Diz-se que um ramo do direito é autônomo quando satisfaz duas condições:
a) gozar de autonomia dogmática, i.é, usar conceitos próprios, não utilizando somente conceitos de outros ramos do direito.
b) Autonomia institucional, i.é, deve estabelecer institutos jurídicos diferentes de outros ramos do direito.

4.2. DESPESA PÚBLICA

4.2.1. Definição

A despesa pública se refere ao emprego dos recursos arrecadados pelo Estado para satisfação das necessidades coletivas públicas.

Como a atividade financeira do Estado possui uma natureza pública, o conceito de valor de despesa pública sempre esteve vinculado ao conceito de valor do próprio Estado. Assim, se o conceito de valor do Estado varia, varia também o conceito de valor da despesa pública.

4.2.2. Histórico

Podemos observar a exatidão das afirmações acima, comparando os diversos períodos econômicos da história.

No liberalismo, a despesa pública foi considerada improdutiva, porque o conceito que gozava o Estado era de ser mero consumidor.

Em meados do século XIX, o conceito de Estado evoluiu, e a despesa pública atingiu no fim do século passado o conceito de utilidade, já então, estimulava a produção de bens por iniciativa do Estado.

A partir de 1930 com Keynes, valorizou-se sobremodo a despesa pública, passou-se a considerá-la como produtiva. O Estado foi considerado como produtor de serviços e bens.

E hoje a despesa pública, juntamente com a receita, são as duas alavancas que possui o Estado quando realiza estudos de orçamentos para incentivar os diversos campos da atividade econômica (o orçamento tem duas partes: a receita e a despesa).

4.2.3. Elementos que compõem a despesa pública *stricto sensu*

A despesa pública é definida, no sentido genérico, como sendo o conjunto de dispêndios realizados pelo Estado para satisfação das necessidades coletivas públicas, mas não é somente através desse conceito geral que se pode estudar a despesa. Pode-se também, através do conjunto de dispêndios, estudar-se um separadamente.

Pode-se deduzir o número de elementos que compõem uma despesa pública através da seguinte definição:

"Despesa pública é o emprego de uma soma de numerário, por um agente público competente, por ordem do Estado, para satisfazer uma necessidade coletiva pública, dentro de uma autorização legislativa."

Daí deduz-se que os elementos são em número de cinco em sentido restrito:

a) O emprego de uma soma de numerário. O Estado não paga os serviços prestados a não ser em dinheiro.

b) A despesa pública terá que ser realizada por agente público competente.

c) A despesa pública deve ser efetuada para satisfazer uma necessidade coletiva pública, se assim não for, será apenas um gasto, sob o ponto de vista legal financeiro.

d) A despesa pública deve ser efetuada por ordem do Estado, i.é, a despesa deve ser realizada somente se constar no plano administrativo superior.

e) A despesa pública deve ser realizada dentro de uma autorização legislativa. Essa autorização pode ser dada de duas maneiras: através de autorização orçamentária; através de lei ordinária (extra-orçamentária).

4.3. CONFRONTO ENTRE DESPESA PÚBLICA E DESPESA PRIVADA

a) *O interesse* - Quando a despesa for realizada visando ao interesse particular, será particular. Quando visar ao interesse público, será pública.

b) *O lucro* - A despesa particular visa a um lucro para a pessoa que a realiza. A despesa pública, de um modo geral, não visa a lucros nem benefícios para a pessoa que a realiza (o Estado); procura apenas satisfazer as necessidades públicas, o bem comum.

c) *A finalidade* - A despesa privada visa a fins particulares, ex.: aquisição de alimentos, moradia, etc. Há contudo exceções nas despesas privadas, ex.: filantropia.

A despesa pública visa a fins imateriais, ex.: saúde, educação, etc.

d) *A elasticidade* - A despesa pública é mais elástica do que a particular. O particular tem como limite para a sua despesa a renda, o patrimônio. Já o Estado não tem como limite o patrimônio, o limite é a capacidade contributiva da Nação, a qual se mede pela capacidade econômica da mesma. Quanto maior for a segunda, maior será a primeira.

e) (o mais aceito) *No setor público, a receita é dependente da despesa* - Primeiro o Estado fixa a despesa, depois é que cogita da receita pública.

Na atividade privada, primeiro a pessoa fixa a receita, depois de assegurados os meios, obtidas as somas necessárias, distribui, então, a sua renda às diferentes necessidades.

4.4. CONDIÇÕES DE LEGITIMIDADE POLÍTICA DA DESPESA PÚBLICA

Partindo do fato de que a despesa pública tem natureza política, alguns autores estabeleceram algumas condições para dar legitimidade política à despesa.

a) *Consentimento da nação*. Nos regimes democráticos o Estado necessita do consentimento da Nação (consentimento do Poder Legislativo) para realizar a despesa pública, ou então, quando se tratar de despesa não-prevista no orçamento, através de uma lei específica.

b) *Publicidade*. Se a Nação dá o seu consentimento, é necessário que ela saiba o que foi feito pelo governo em benefício do povo. A publicidade é conquista do Moderno Estado de Direito. Mas como hoje não é mais possível ao Estado fazer a comunicação de todos os negócios, dada a multiplicidade dos mesmos, adotou-se o seguinte critério: os orçamentos são mandados publicar na imprensa oficial. (Esta condição é decorrente da primeira)

c) *Fiscalização*. É necessário que se verifique se o Executivo realmente fez uso adequado do orçamento despachado. (Esta condição é decorrente da primeira e da segunda)

4.5. FISCALIZAÇÃO NO BRASIL

No Brasil tem-se quatro maneiras de fiscalização:

a) *Administrativa*. Realiza-se simultaneamente com a despesa, dentro do próprio governo, através de escala hierárquica.

b) *Legislativa*. É realizada pelo Legislativo principalmente na ocasião da "tomada de contas" do Poder Executivo.

c) *Judiciária*. É realizada pelos Tribunais de Contas (são órgãos colegiados que se situam entre o Judiciário e o Executivo). A prestação de contas do Executivo para o Legislativo deve passar antes pelo Tribunal de Contas, o qual de *maneira técnica*, aponta a regularidade ou irregularidades da prestação. Após, a prestação de contas é enviada para o Legislativo que julga *politicamente*, aceitando ou não a prestação de contas.

d) *Popular*. É feita através do Judiciário por uma ação especial - ação popular - É o direito que tem todo o cidadão de pleitear junto ao Judiciário a nulidade dos atos que ele considera lesivos aos cofres públicos (Esta foi contemplada pela Constituição de 1946) Lei nº 4.417 de janeiro de 1966.

4.6. CLASSIFICAÇÃO DA DESPESA PÚBLICA

Tradicional - Classifica as despesas de acordo com a periodicidade que apresentam no orçamento. A classificação é a seguinte:

a) *Despesas ordinárias* - Apresentam periodicidade regular em todos os orçamentos anuais. (despesa com pessoal é um exemplo)

b) *Despesas extraordinárias* - Aparecem eventualmente no orçamento. (ex.: renovação da frota aérea)

Obs.: Esta classificação sofreu a *crítica de Jèze*, que a contestou dizendo que: "esta classificação reside na fixação arbitrária de determinado e certo período de tempo. Se estas despesas forem encaradas num período maior, veremos que se tornarão regulares."

Sujeito Financeiro - Esse critério tem por base o agente financeiro, ou a competência. E classifica as despesas da seguinte forma:

a) *Federais, gerais ou nacionais* - Seriam aquelas despesas para a realização dos fins e serviços que competem privativamente à União, ou que historicamente, são por ela desempenhados, ou ainda decorrem do custeio dos órgãos federais.

b) *Estaduais e provinciais* - Seriam aquelas despesas que sobram da competência federal e não representam interesse municipal.

c) *Municipais, departamentais ou cantonais* - Seriam aquelas despesas de caráter local e do "peculiar interesse" municipal.

Orientação Político-Financeira

a) *Imperativas* - São aquelas despesas que figuram no orçamento obrigatório. Necessárias para manter o Estado.

b) *Reconduzidas* - São as despesas que figuram no orçamento devido aos atos praticados anteriormente pelo administrador. Ex.: juros de empréstimos anteriores feitos pelo administrador.

c) *Voluntárias* - São as despesas que dependem da vontade do administrador para serem incluídas no orçamento. Ex.: obras públicas.

Lei nº 4.320

a) *Despesas correntes* - subdividem-se em:

Despesas de custeio - são as despesas de conservação e melhoria do patrimônio do Estado (ex.: pessoal civil ou militar, material).

Transferências correntes - são as despesas que o Estado realiza sem receber nada em troca (ex.: subvenções, aposentadoria, amortização de dívida pública).

b) *Despesas de capital* - subdividem-se em:

Investimento - obras iniciadas pelo governo (construções de pontes, estradas, etc.)

Inversões financeiras - são as despesas com aquisições de bens que não estavam no seu patrimônio - aquisição de títulos representativos do capital de empresas das quais o Estado não fazia parte, ou aumento de títulos representativos de empresa que já fazia parte.

Transferências de capital - auxílio de uma entidade a outra entidade pública ou privada, para fazer investimentos ou inversões financeiras.

4.7. AUMENTO CONTÍNUO DA DESPESA PÚBLICA

A partir do séc. XIX, os financistas começaram a fazer comparações entre simples orçamentos e verificaram a ocorrência de um fenômeno financeiro - o aumento contínuo da despesa pública. Verificou-se que havia um *fenômeno de aumento constante* em comparação aos anos anteriores.

4.8. UNIVERSALIDADE DO FENÔMENO

Estas comparações foram feitas em primeiro lugar nos países mais desenvolvidos da Europa onde foi constatados - o aumento contínuo da despesa pública - a seguir fizeram as mesmas comparações em países subdesenvolvidos onde encontraram o aparecimento do mesmo fenômeno, conclui-se, então que *o aumento* era independente dessa ou daquela circunstância, o fenômeno do aumento contínuo da despesa pública era *universal*.

A partir da primeira guerra mundial, as despesas públicas que vinham aumentando em progressão aritmética, passaram a aumentar em progressão geométrica.

4.9. LEIS DE WAGNER

A respeito do aumento contínuo da despesa pública, Wagner deduziu duas leis gerais:

a) Lei do aumento ou expansão das necessidades coletivas públicas e da extensão das atividades do Estado.

b) Adoção pelo Estado do princípio preventivo, em lugar do repressivo.

4.10. CRÍTICAS DOS ITALIANOS

Os italianos observaram que o aumento contínuo das despesas públicas não se verificava em todos os casos. Para eles, o aumento tinha um valor relativo e outro valor absoluto. *Só haveria um aumento absoluto quando o Estado tirava maior percentagem da renda nacional.*

4.11. OS DOIS TIPOS DE AUMENTO DA DESPESA PÚBLICA

Aumento aparente. Somente aumenta o valor numérico.

Aumento real. Aumenta não só o valor numérico, mas também a participação do Estado na renda nacional i.é, um aumento nos tributos, uma maior parte na renda nacional, essa percentagem em política financeira, chama-se *carga tributária*. (só quando aumenta essa carga é que aumenta a receita)

4.11.1. Causas do aumento aparente da despesa pública

Contabilidade. Adoção de um orçamento bruto em lugar do orçamento líquido. O orçamento bruto é aquele que inclui todos os gastos realizados pelo Estado. O orçamento líquido inclui somente os gastos com as obras públicas, não consta os gastos necessários à manutenção do aparelho estatal. (a Inglaterra adota o orçamento líquido). Esta causa é um mero problema de contabilidade.

Aumento de Território. O Estado, quando incorpora uma certa quantidade de terras ao seu território, passa a atender os serviços públicos naquela parte incorporada. O aumento de território pode ser através de: guerra, compra e arbitramento internacional.

Este aumento da despesa é em valores absolutos. Mas também ocorre um aumento na receita.

Aumento da População. Pode-se dar de dois modos:
a) emigração.
b) aumento vegetativo da população.

Aumentando o número de indivíduos, vai aumentar a despesa pública, mas também vai aumentar a renda nacional.

Desvalorização da Moeda. Se há desvalorização, os preços sobem, o mesmo acontecendo com os serviços, e as despesas vão sofrer um aumento no seu valor numérico, mas em compensação a renda nacional também vai aumentar.

Transferência para o setor público de atividades que antes eram exercidas pelo setor privado. Segundo os autores que aceitam a produtividade do Estado, na presente causa, o Estado aumentará a capacidade de consumo.

4.11.2. Causas do aumento real da despesa pública

Elevação da capacidade econômica dos povos.

Melhoria do nível político, moral e cultural das massas.

Guerra (é uma das causas que mais têm contribuído para o aumento real da despesa).

Erros e vícios dos governantes (causa secundária).

4.12. SÍNTESE DE DIREITO FINANCEIRO E CIÊNCIA DAS FINANÇAS, DE ALVARENGA BERNARDE E ALMEIDA FILHO

Jèze considera a questão das despesas públicas como ponto de partida da ciência e da legislação financeira. Sua fórmula é a seguinte: "Há encargos públicos. É necessário cobrá-los".

Luís de Sousa Gomes. "O caráter essencial das finanças públicas é que gaste primeiro e que depois se providenciem os meios para cobertura".

Veiga Filho. "Despesa pública é o uso efetivo que o Estado faz de seus bens e recursos para ocorrer às necessidades normais e materiais da vida civil política".

Teotônio Monteiro de Barros. "Despesa pública é aplicação de uma parcela da receita na realização de qualquer fim da administração".

Tangorra. "A despesa pública é a consignação feita da receita pública para o fim de conseguir um objetivo qualquer da administração".

Do ponto de vista puramente financeiro, a despesa pública é uma simples operação de caixa; não representa mais do que a saída do dinheiro dos cofres do Tesouro.

No sentido econômico, a despesa é gasto, mas também, diminuição patrimonial de dinheiro.

Sob o aspecto jurídico, o que caracteriza a despesa pública é a existência do empenho de pagamento ou de compromisso previamente assumido para sua realização. Juridicamente, não só aquilo que o Tesouro haja pago, mas também os compromissos de pagamento assumidos pelo Estado são considerados despesa pública.

Despesa é a soma de dinheiro, provinda da receita pública, aplicada legitimamente por funcionário competente, para atender necessidade da administração.

4.12.1. Classificação

Pio Ballesteros (em *Manual de Hacienda Pública*).
I) *Aspecto econômico*.
a) quanto à forma: em dinheiro ou em espécie;
b) quanto ao lugar: internas ou externas;
c) quanto ao tempo: ordinárias ou extraordinárias;
d) quanto à urgência: úteis ou necessárias;
e) quanto aos efeitos econômicos: reprodutivos ou não-reprodutivos.
II) *Aspecto administrativo*.
f) quanto aos fins visados: constitucionais (Chefe de Estado, representação nacional) e administrativas propriamente ditas.

A classificação, modernamente, no âmbito financeiro, atende-se principalmente à rentabilidade das aplicações realizadas. Em tal sentido, as despesas são classificadas sumariamente em dois grupos:

Reprodutivas - Aquelas que possibilitam uma recuperação dos gastos efetuados.

Não-reprodutivas - Representados por gastos que nem mesmo indiretamente beneficiam a economia pública.

4.12.2. Crescimento da despesa pública

Como mundo biológico, e sobretudo no humano, os seres mais perfeitos são os que apresentam um maior número e maior variedade de necessidades, assim, o Estado é tanto mais progressista, em relação aos outros, quanto mais ampla, extensa e complexa é a espécie das necessidades a que deve prover; e, da mesma maneira que o indivíduo ao progredir tem aumentadas e multiplicadas cada vez mais suas necessidades, também cada Estado, no caminho do progresso, tem constantemente aumentadas e variadas as necessidades públicas a que deverá das satisfação. Tal fenômeno dá lugar ao que os teóricos das finanças denominam lei da progressão das despesas públicas. Esta lei é assim formulada: à medida que os Estados se desenvolvem, que os seus organismos políticos e administrativos se aperfeiçoam, que a civilização avança e que cresce o bem-estar geral, o montante compressivo da despesa pública aumenta e ao sistema de despesas menos complexas e perfeitas sucede um sistema mais complexo bem organizado e perfeito. (Tangorra).

Os Estados mais ricos e civilizados dedicam, em igualdade de população, uma boa soma respeitável que a consignada pelos Estados menos ricos e progressistas, para a satisfação das necessidades públicas, e a passagem de um grau de civilização a um outro superior é sempre condicionada a caracterizada por um incremento absoluto e relativo da despesa pública total. Mais rápido é o progresso de uma sociedade política, e mais alta é a razão de incremento da despesa pública, mais numerosas, variáveis e mutáveis as necessidades coletivas, mais íntimas as relações entre a atividade multiforme do Estado e todas as várias energias sociais enfim, mais se afirma a civilização de um povo, mais cresce a quota de riqueza geral que se emprega na satisfação das necessidades gregárias.

Benvenuto Griziotti divide as causas do aumento das despesas públicas pela forma seguinte:

I - *Aumento absoluto*. Na medida em que equipara o aumento da despesa com aumento territorial, demográfico e econômico;

II - *Aumento relativo*. Quando o desenvolvimento demográfico ou simplesmente a concentração da população nos centros urbanos e a formação das grandes cidades acarretam um aumento das despesas para os transportes e as comunicações em geral, assistência social, embelezamento urbano e novos serviços pela maior complexidade da vida coletiva.

O que importava, em Finanças clássicas, na despesa, eram as cifras. Hoje, é o conteúdo. Na lei orçamentária, a antiga preocupação era que as despesas se contivessem dentro das receitas. Daí, primeiro, a sua fixação para, depois, orçar a receita. A preocupação era o equilíbrio. Hodiernamente, tal sentido, se é primordial no Estado em período de prosperidade, para evitar ou combater o surto inflacionário, dele não mais se cogita em estado de depressão. É, até, aconselhável o déficit para finalidade das obras que virão euforizar a Economia em depressão. Pode-se mesmo afirmar que não há uma despesa financeira e outra de economia.

Maurice Duverger diz: "o que chamamos despesa pública é o fato de que autoridade estatal dá a um indivíduo ou a um grupo de indivíduos dinheiro que ele tomou de outros indivíduos. O Estado não gasta; retribui".

O Estado não consome. Pode-se dizer, com certa medida, que toda despesa, mesmo privada, implica uma redistribuição. O indivíduo que utiliza seu salário para comer, vestir e morar redistribui aos comerciantes o que recebeu do patrão. A despesa do indivíduo é real porque é seguida de um consumo correlativo, i.é, de uma perda, enfim, de substância econômica. As despesas do Estado, porém, são ilusórias, porque não correspondem a um consumo, mas a uma simples repartição."

Dessas concepções, formulou-se a teoria do filtro. Grande parte da renda nacional passa através de um filtro. Compete ao Estado orientar a direção dessa renda: escolher os mananciais e, após a filtragem, redistribuí-la, com cuidado de nada perder. O estado é uma bomba aspirante comprimento que devolve a água que aspira, na mesma quantidade.

5. Receita pública

5.1. DEFINIÇÕES

Encontram-se na doutrina as seguintes definições de receita pública:
Receita Pública é toda riqueza que aumenta efetivamente o patrimônio do Estado. É conjunto de rendimentos do Estado e o conjunto de bens que possui o Estado para atender a Despesa Pública.
Obs: *Entradas ou Ingressos* (entram nos cofres públicos). As quantias recebidas pelo Estado são genericamente designadas como "entradas" ou "ingressos", nem todas essas quantias, porém, constituem-se em receitas públicas, pois algumas não passam de *movimentos de fundo*, sem qualquer incremento do patrimônio governamental, desde que estão condicionados à restituição posterior ou representam mera recuperação de valores emprestados ou cedidos pelo governo, ex.: cauções, fianças e depósitos recolhidos ao Tesouro; os empréstimos contraídos pelo Estado, indenizações, etc.

5.1.1. Sumário histórico da Receita Pública

Para auferir o dinheiro necessário à despesa pública, os governantes, pelo tempo afora, socorrem-se uns poucos meios universais:
- *Extorsões* sobre outros povos, ou deles recebem doações voluntárias;

- *Exploração do domínio do Estado*, recolhem as rendas produzidas pelos bens e empresas do Estado;
- Exigem coativamente tributos ou penalidades;
- Tomam ou forçam empréstimos;
- Fabricam dinheiro metálico ou de papel.

5.1.2. Divisão da Receita

As entradas constitutivas, em conjunto, podem ser divididas em: Receitas Extraordinárias e Receitas Ordinárias.

a) *Receitas Extraordinárias* têm caráter irregular, ex.: os impostos a serem criados em tempo de guerra, as doações e legados com encargos ou sem eles, os proventos auferidos por efeitos das disposições legais relativas à prescrição, às heranças jacentes, bens vacantes e de evento, as indenizações ou reparações de guerra, etc.

b) *Receitas Ordinárias* têm caráter de regularidade, são os ingressos permanentes, são fontes perenes de recursos.

5.2. CLASSIFICAÇÃO DA RECEITA

Classificação "alemã" ou "clássica" (de Wagner). Esta classificação distingue *as receitas ordinárias em dois grupos*:

a) *Receitas Originárias ou de Economia Privada, ou ainda de Direito Privado*: são as rendas que o Estado aufere sem soberania, são os bens e empresas comerciais ou industriais do Estado, que os explora à semelhança de particulares. Essas receitas têm como características: quem fornece a receita, o faz livremente; é do próprio Estado que se origina a receita.

b) *Receitas Derivadas* ou de *Economia Pública*, ou ainda de *Direito Público*: são as rendas que o Estado colhe no setor privado, por ato de autoridade, e podem ser:

Tributos: Impostos, taxas, contribuição de melhoria, contribuição para fiscais (INSS)
Penas Pecuniárias: Multas (infrações do C. NT), *confisco, repações de guerra.*

Essas receitas se caracterizam em coação (quem fornece a receita o faz pelo constrangimento legal) e é do setor privado que se origina a receita.

5.3. PRIMEIRA CLASSIFICAÇÃO DE SELIGMANN

a) Receitas *Gratuitas* (liberalidades ao Tesouro). O legado testamentário.
b) Receitas *Contratuais* (preços das explorações comerciais e industriais), tarifas postais, gasolina.
c) Receitas *Obrigatórias* (taxas, contribuições especiais, impostos, confiscos e multas) Tributos.

5.4. SEGUNDA CLASSIFICAÇÃO DE SELIGMANN

Põe em confronto a vantagem do particular e o interesse público, chegando à seguinte divisão:
a) *Preços quase-privados:* V.P. - exclusiva e I.P. - acidental, ex.: Reservas Florestais.
b) *Preços públicos:* V.P. - menor, mas preponderante e I.P. - de alguma importância, ex.: Comunicações.
c) *Taxas:* V.P. - mensurável e I.P. - ainda mais importante, ex.: águas e esgotos.
d) *Contribuição de Melhoria:* V.P. - alguma importância e I.P. - preponderante, ex.: estradas novas.
e) *Impostos:* V.P. - acidental e I.P. - exclusivo.

5.5. CLASSIFICAÇÃO DE EINAUDI

Reelaborou a classificação de Seligmann, suprimindo as taxas, que inclui os preços públicos na fronteira

entre estes e os preços políticos, que é uma nova categoria acrescentada, formando a seguinte divisão:
   a) *Preços quase-privados* - o preço cobrado é superior ao custo para atender o serviço.
   b) *Preço público* - (o Estado cobra aquilo que é suficiente para atender o serviço)
   c) *Preço político* - este preço constitui a receita em que o Estado estabelece o preço inferior ao custo do serviço e vai apresentar *déficit*.
   d) *Contribuição de Melhoria*
   e) *Impostos*.

5.6. CLASSIFICAÇÃO DE BALEEIRO

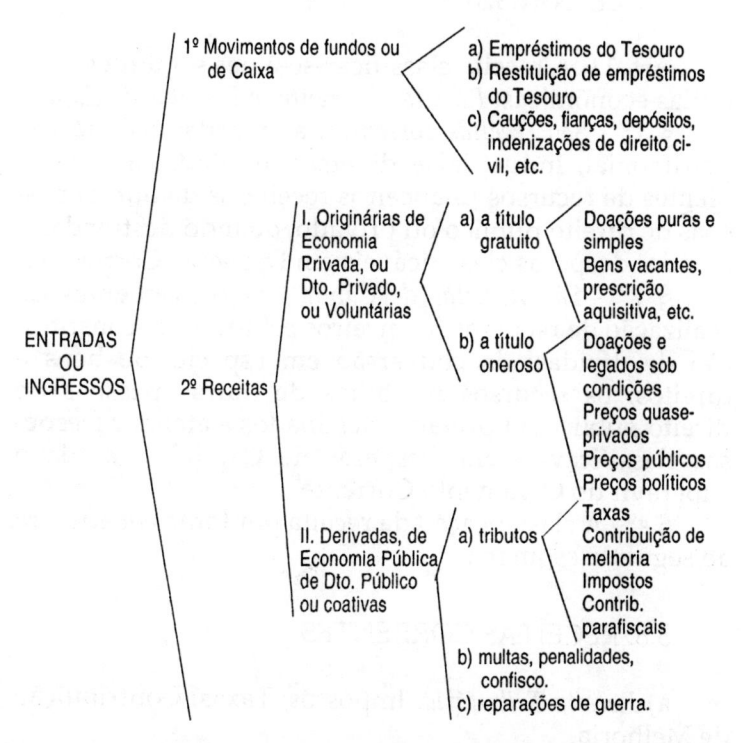

ENTRADAS OU INGRESSOS

1º Movimentos de fundos ou de Caixa
   a) Empréstimos do Tesouro
   b) Restituição de empréstimos do Tesouro
   c) Cauções, fianças, depósitos, indenizações de direito civil, etc.

2º Receitas

I. Originárias de Economia Privada, ou Dto. Privado, ou Voluntárias
   a) a título gratuito — Doações puras e simples, Bens vacantes, prescrição aquisitiva, etc.
   b) a título oneroso — Doações e legados sob condições, Preços quase-privados, Preços públicos, Preços políticos

II. Derivadas, de Economia Pública de Dto. Público ou coativas
   a) tributos — Taxas, Contribuição de melhoria, Impostos, Contrib. parafiscais
   b) multas, penalidades, confisco.
   c) reparações de guerra.

Advirta-se, outrossim, que nela não constam, as receitas híbridas de taxa e imposto (taxa excessiva), de preço e imposto (monopólios fiscais) e até de receita e empréstimo (papel-moeda e empréstimo forçado). Também foi abandonado o termo "contratuais", porque a doação pura e simples, do ponto de vista jurídico, é contrato. Receitas a título oneroso abrange as contratuais, inclusive doações sujeitas à condição. Advirta-se ainda que alguns autores preferem mencionar "contribuições especiais", que compreenderiam não só a contribuição de melhoria, mas também as contribuições para-fiscais.

5.7. CLASSIFICAÇÃO LEGAL BRASILEIRA LEI Nº 4.320

Art. 11. A receita classificar-se-á nas seguintes categorias econômicas: *Receitas Correntes e Receitas de Capital*

§ 1º - *São receitas correntes*, as receitas tributárias, patrimonial, industrial e diversas, e, ainda, as provenientes de recursos financeiros recebidos de outras pessoas de direito público ou privado, quando destinadas a atender despesas classificáveis em Despesas Correntes.

§ 2º - *São Receitas de Capital*, as provenientes da realização de recursos financeiros oriundos de constituição de dívidas; da conversão em espécie, de bens e direitos; os recursos recebidos de outras pessoas de direito público ou privado, destinados a atender Despesas classificáveis em Despesas de Capital e, ainda o superávit do Orçamento Corrente.

§ 4º - A classificação da receita por fontes obedecerá ao seguinte esquema:

5.8. RECEITAS CORRENTES

a) *Receita Tributária:* Impostos; Taxas; Contribuição de Melhoria.

b) *Receita Patrimonial:* Receitas Imobiliárias; Receitas de Valores Mobiliários; Participações e Dividendos; Outras Receitas Patrimoniais.

c) *Receita Industrial:* Receita de Serviços Industriais; Outras Receitas Industriais.

d) *Transferências correntes - Receitas Diversas:* Multas; Contribuições; Cobrança da Dívida ativa; Outras Receitas Diversas.

5.9. RECEITAS DE CAPITAL

a) Operações de crédito;
b) Alienação de Bens Móveis e Imóveis;
c) Amortização de Empréstimos Concedidos;
d) Transferências de Capital;
e) Outras Receitas de Capital.

5.10. ORGANIZAÇÃO FINANCEIRA

A receita nos Estados na Antiguidade era do tipo *parasitária* (exploração contra os povos vencidos. Na Idade Média era do tipo *dominial* (exploração do patrimônio público). No regime Absolutista era do tipo *regaliana* (cobrança de direitos realengos, como pedágio, etc.). O regime atual é o *tributário*, mas com preocupação social, passou a atuar em âmbito maior (desenvolver a educação, saúde pública, desenvolver áreas subdesenvolvidas. Alguns autores, dentre eles - Sudá de Andrade - preconizam que vamos passar para uma fase social (tributação extrafiscal sócio-política), onde toda atividade econômica é Estatal.

5.11. RECEITAS ORDINÁRIAS

São aquelas que o Estado aufere na exploração do seu patrimônio (patrimônio = conjunto de bens públicos do Estado).

5.11.1. Divisão dos bens públicos

Os bens públicos compreendem (Código Civil, arts. 65 e segs.): *bens de domínio público do Estado;* e *bens de domínio fiscal ou privado do Estado.*

Os primeiros podem ser de *uso comum do povo* (os mares, rios, estradas, ruas e praças, art. 66, I), ou de *uso especial* (os edifícios ou terrenos aplicados a serviço ou estabelecimento federal, estadual ou municipal, art. 66, II).

Os segundos (domínio privado) são *bens dominiais* (constituem o patrimônio da União, dos Estados, ou dos Municípios, como objeto de direito pessoal, ou real de cada uma dessas entidades, art. 66, III).

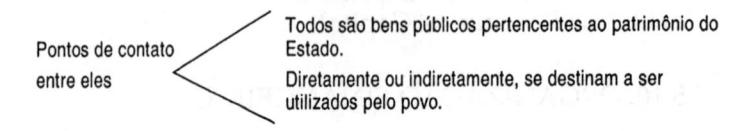

Pontos de contato entre eles
- Todos são bens públicos pertencentes ao patrimônio do Estado.
- Diretamente ou indiretamente, se destinam a ser utilizados pelo povo.

5.11.2. Distinções entre bens de domínio privado e bens de domínio público do Estado

As distinções podem ser observadas por dois aspectos: objetivo e subjetivo.

Aspectos subjetivo: também sob o aspecto subjetivo, as distinções podem ser olhadas de dois modos:

a) *sob o ponto de vista do povo,* o uso dos bens de domínio público é feito gratuitamente pelo povo, e o uso dos bens de domínio privado, pelo povo, se faz, individual e onerosamente. É justamente pelo uso oneroso, que os bens de domínio privado fornecem receitas para o Estado (receitas originárias).

b) *sob o ponto de vista do Estado,* a diferença surge quanto a maneira de se comportar o Estado em relação a eles. O Estado frente aos bens de domínio público age como uma pessoa de direito público, detém a posse desses bens. Já, frente aos bens de domínio privado, o Estado age como uma pessoa de direito privado, como proprietário, não fosse assim o Estado não poderia receber receitas desses bens, porque é através da alienação que advém a receita.

Aspecto objetivo: os bens de domínio público se diferenciam dos bens de domínio privado por três características:
  a) São *improdutíveis,* não produzem receitas;
  b) São imprescritíveis;
  c) São inalienáveis.

Os bens de domínio privado são: produtíveis, prescritíveis e alienáveis.

5.12. QUADRO DE RESUMO DAS RECEITAS ORDINÁRIAS

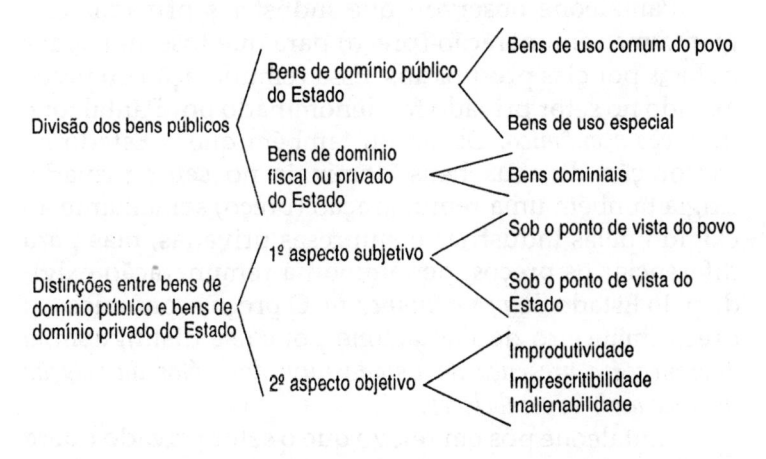

Divisão dos bens públicos
- Bens de domínio público do Estado
  - Bens de uso comum do povo
  - Bens de uso especial
- Bens de domínio fiscal ou privado do Estado
  - Bens dominiais

Distinções entre bens de domínio público e bens de domínio privado do Estado
- 1º aspecto subjetivo
  - Sob o ponto de vista do povo
  - Sob o ponto de vista do Estado
- 2º aspecto objetivo
  - Improdutividade
  - Imprescritibilidade
  - Inalienabilidade

5.13. BENS DOMINAIS DO ESTADO

Os bens dominiais do Estado podem ser: *as indústrias e as riquezas*, estas últimas podem ser imobiliárias e mobiliárias.

a) *Riquezas imobiliárias* - São as minas, florestas, direitos de caça e pesca, os bens imóveis em geral pertencentes ao Estado *que se destinam ao uso comum pelo povo, e não estão afetadas a um uso especial.*

b) *Riquezas mobiliárias* - São os bens móveis em geral do Estado: títulos, ações, a dívida ativa do Estado, as doações, etc.

5.13.1. As indústrias

São aquelas *formas de intervenção do Estado no domínio econômico*. São as atividades bancárias, industriais, siderúrgicas, ferroviárias, a extração mineral, etc.

Pantaleone observou que indústrias privadas exigiam uma remuneração (preço) para que fossem usados os bens por elas produzidos. Essa remuneração ou preço exigido no setor privado foi denominado por Pantaleone de *preço econômico*. Observou também que o Estado na exploração de seus bens dominais no setor privado, exigia também uma remuneração (preço) semelhante ao exigido pelas indústrias e empresas privadas, mas para diferenciar os preços, denominou a remuneração exigida pelo Estado de *preço financeiro*. O preço econômico e o preço financeiro de Pantaleone pouco se distinguem, *a diferença é a presença do Estado num dos pólos da relação jurídica a vir se estabelecer.*

Pantaleone pôs em relevo que o setor privado opera com "preços econômicos", i.é, os mesmo preços unitários para uma só mercadoria, quaisquer que sejam os compradores e vendedores, segundo a lei da indiferença, exposta por Stanley Jevons. A formação de "preços econômicos" realiza-se segundo as condições do mercado sem que os vendedores se inspirem em considerações políticas ou sociais.

Confrontou esse fato com os processos do Estado para vender seus serviços. Em contraste, os governos estabelecem critérios inteiramente diversos, segundo as condições personalíssimas dos que se utilizam dos serviços públicos ou de acordo com a natureza e préstimo social destes. Prestam o mesmo serviço a uns pelo custo, a alguns abaixo desse custo e o dão gratuitamente a outros. Mas, de outros, cobram preços exagerados, em monopólio e por ato compulsório ou de autoridade.

Em conseqüência, concluiu Pantaleone que a atividade financeira representa fenômeno econômico de produção e troca através de um sistema de preços políticos, segundo considerações políticas morais, psicológicas, etc. na grande maioria dos casos, e de preços econômicos, semelhantes aos do setor privado, em alguns desses casos. Todos os processos de receitas públicas, inclusive taxas e impostos, para Pantaleone, à luz desse raciocínio, são *preços públicos*, isto é, técnicas de cobrar o Estado o custo de seus serviços. Correspondem à troca do que o Estado produz, mas por critérios e formas políticas diversas e antagônicas com os preços econômicos dos particulares entre si.

5.14. CLASSIFICAÇÃO DA RECEITA POR EINAUDI

Einaudi divide as receitas em preços (do Estado) quase-privados, públicos e políticos. Einaudi se baseou nos estudos de Pantaleone para efetuar essa divisão.

a) *Preços quase-privados - O Estado se comporta como uma empresa particular, exige o preço do produto e mais o lucro.* Este preço, "anacronismo histórico", segundo Einaudi, forma-se como os da economia privada, segundo as condições de mercado, em regime de concorrência, mas incidentalmente garante um fim público. O exemplo clássico é o da lenha resultante da silvicultura que o Estado mantém para conservar florestas no interesse do clima, da luta contra a erosão, etc. A venda se faz em termos de competição com os silvicultores particulares. Apesar de anacrônico, o preço privado volta a encontrar vasto cabimento nas indústrias do Estado em regime de competição com usinas particulares. É o caso dos minérios da Companhia Vale do Rio Doce ou dos laminados da Cia. Siderúrgica Nacional, etc., no Brasil.

 b) *Preços públicos - O preço público é fixado de modo que cubra apenas o custo do produto ou serviço que justifica a sua cobrança, sem exigir lucro. Pode ser múltiplo - diverso para as diferentes categorias de usuários - de sorte que todas, em conjunto, bastem a cobrir a despesa* (p. ex., tarifa ferroviária barata para gêneros alimentícios e alta para artigos de luxo; tarifa postal reduzida para jornais e alta para cartas). Podem ser calculados em tarifas decrescentes, como, por exemplo, baixando o frete da tonelada-Km ou ton-milha marítima (ou do passageiro-km) à proporção do maior percurso.

 c) *Preço político é insuficiente para suportar a despesa do serviço ou produção da coisa, cobrindo-se a diferença pelos recursos hauridos nos impostos.* Levando em consideração a higiene e saúde pública, a empresa estatal pode vender o metro cúbico d'água canalizada a preço inferior à despesa respectiva ou, por motivos sociais, transportar passageiros em déficit crônico para a ferrovia (caso da Rede Ferroviária do Brasil e de todas as demais estradas de ferro de Estados).

 O déficit da empresa governamental pode fazer com que um preço público se transforme em preço político, assim como o equilíbrio financeiro do serviço deficitário pode ter o efeito inverso.

5.15. TEORIA DOS PREÇOS DE BALEEIRO

Aliomar Baleeiro distingue de um lado os "preços" - espécie de gênero receitas originárias, - e do outro lado os tributos (taxa, impostos, etc.) e outras receitas derivadas compulsórias. Apontamos dois elementos característicos e identificadores:

a) *a coação, direta ou indireta, que existe nas receitas derivadas e falta às originárias;*

b) *a procedência dos recursos, já que, nas receitas originárias, é o próprio setor público a fonte deles, ao passo que, nas receitas derivadas, o setor privado, constituído pelo patrimônio e rendas dos particulares, suporta o ônus.*

Há, pois, nessa distinção, *um elemento político-jurídico: a coação; e um elemento econômico: a origem dos recursos a fonte que os fornece.* Mas não é só isso que distingue preços e tributos.

Os preços referem-se a coisas e, às vezes, a serviços de caráter industrial ou comercial (transporte ferroviários, marítimos, comunicações telegráficas, etc.). O Estado, quando cobra preços pela venda de coisas, entrega unidades de seu patrimônio, como terras dominiais, edifícios, navios ou veículos imprestáveis ao serviço público, etc., ou os frutos e produtos desse patrimônio, como reprodutores bovinos, plantas enxertadas obras de ferro semi-acabado, etc.

Qualquer desses serviços pode ser prestado, com monopólio ou sem ele, por empresas particulares, muito embora o monopólio geralmente - mas nem sempre - seja regulado e concedido pelo Estado. Nenhuma dessas atividades, em princípio, necessita do exercício do poder coativo reservado ao Estado. Nenhuma delas envolve ato de autoridade pelo emprego da força efetiva em grau maior ou menor, segundo as circunstâncias.

5.16. A EXPLORAÇÃO DO ESTADO DO DOMÍNIO PRIVADO

O Estado explora o domínio privado de duas maneiras:

a) *livre concorrência ou livre iniciativa* - todos produzem sob a proteção do Estado, submetendo-se às leis do mercado - oferta e procura - produzindo os bens que desejam.

b) *Monopólio* - O Estado na vida econômica não favorece o monopólio privado, muitas vezes até o combate. Quando o Estado age sob a forma de monopólio, *age sob a lei especial*, que torna legítima a sua ação. Sem lei que o determine, o Estado não pode estabelecer o monopólio.

Monopólio estatal sob o ponto de vista financeiro. Veiga Filho define monopólio estatal *como sendo a reserva pelo Estado da exploração de um ramo industrial ou comercial com a exclusão absoluta dos particulares.*

O monopólio estatal tem sido combatido pelos economistas clássicos. Outros o defendem dizendo que os monopólios particulares também apresentam defeitos.

Hoje, com o conceito moderno do Estado, estas críticas não procedem, todos conhecem o papel satisfatório do Estado no tocante aos monopólios por ele assumidos.

5.17. DIVISÃO DO MONOPÓLIO ESTATAL

Os monopólios estatais são divididos em três espécies:

a) *Monopólio financeiro ou fiscal* - É instituído pelo Estado tendo em vista proporcionar receitas para ele. Nesse tipo de monopólio, de um modo geral, o Estado monopoliza a produção e a venda e vende essa mercadoria por um preço superior ao normal, i.é, por um preço maior do que esta mercadoria teria se fosse produzida sob o regime da livre concorrência, ex.: o monopólio do tabaco na França. Para alguns autores, essa diferença de preço acima do normal, é um imposto de consumo disfarçado.

b) *Monopólio Administrativo* - O Estado pretende unicamente prestar serviço, não colima receitas. O Estado presume que determinados serviços são melhores prestados sob o regime de monopólio legal. Cobra o preço de custo, ou menos que o custo, ex.: Correios e Telégrafos no Brasil.

c) *Monopólio Misto* - É a conjugação das duas situações anteriores, o Estado aufere receitas e presta serviços, ex.: as loterias.

5.18. FORMAS JURÍDICAS DE EXECUÇÃO DOS SISTEMAS DE MONOPÓLIOS ESTATAIS

a) *Exploração direta pelo Estado* (na França é conhecida com a denominação de Régie) - O Estado forma o patrimônio e contrata o pessoal que vai operar com a indústria, e todo o resultado pertence ao Estado. O preço é mais elevado.

b) *Concessão* - O Estado cria por lei um monopólio e atribui a exploração a uma empresa particular - a concessionária - que forma o patrimônio e contrata o pessoal necessário. A empresa explora o serviço é, no fim, entrega o patrimônio para o Estado sem indenização.

c) *Formas intermediárias* - Apresentam duas modalidades:

A *participação do lucro* - O Estado entrega o patrimônio à empresa particular, a qual só contrata o pessoal e explora o serviço, com participação do lucro pelo Estado. O prejuízo também é dividido. Na França, é conhecida como Régie interesse.

O *Arrendamento* - O Estado arrenda o patrimônio para empresa. Se há lucro, é todo da empresa, idem no caso do prejuízo. O Estado recebe sempre a mesma quantia pelo arrendamento.

5.19. RECEITAS DERIVADAS

São receitas exigidas compulsoriamente. São contribuições obrigatórias de direito público. Pertencem ao campo da economia coativa. Juridicamente são obrigações *ex lege*, ao passo que os preços são obrigações contratuais.

As receitas obrigatórias são: os tributos; as reparações de guerra; as penas pecuniárias.

5.19.1. Os tributos

Primitivamente, a palavra *tributo* tinha o sentido que damos hoje, às reparações de guerra, e nesse sentido obsoleto de antigamente, corresponde às receitas parasitárias.

Na linguagem moderna e no conceito da Constituição brasileira, *tributo é gênero de receitas ordinárias*, tendo como espécies: a) *as taxas;* b) *a contribuição de melhoria;* c) *os impostos.* O CTN, no art. 3º, define tributo, e no art. 5º, diz quais são os tributos. E teríamos o item d) *contribuições parafiscais,* que receberam esse nome, segundo Baleeiro, por comodidade didática porque ora são taxas e ora são impostos.

5.19.2. Reparações de guerra

As reparações ou indenizações de guerra têm origem no "tributo" da antiguidade: o peso da força do vencedor sobre o vencido.

Já pelos dificultosos embaraços de ordem econômica que se antepõem às transferências unilaterais, já pela irritação política que suscitam, as reparações de guerra, segundo parece, estão reduzidas ao papel de categoria histórica sem probabilidades imediatas de reaparecimento no presente ou no futuro próximo.

5.19.3. Penas pecuniárias

A perda de bens ou a exigência de uma quantia, por determinação legal, a título de penalidade, representa pequena parcela das receitas derivadas.

Essas penas são:

a) *Os confiscos* - em que o sujeito é privado da propriedade ou de elementos de seu patrimônio, destarte transferidos para o domínio público.

b) *As multas* - caso em que o sujeito passivo é obrigado a recolher, em dinheiro, certa quantia fixa, ou proporcional ao valor da relação jurídica de que resultou a punição ou a indenização.

5.20. CONCEITO DE CONTRIBUIÇÃO DE MELHORIA

O Direito brasileiro inspirou-se na corrente doutrinária (dos autores americanos) que reputa a contribuição de melhoria um tributo *sui generis*, inconfundível, portanto, com os impostos e taxas. Ela não é a contraprestação de um serviço público incorpóreo, mas a recuperação do enriquecimento ganho por um proprietário em virtude de obra pública concreta no local da situação do prédio. (A. Baleeiro)

5.21. FUNDAMENTO ÉTICO DA CONTRIBUIÇÃO DE MELHORIA

Da definição acima, surge a justificativa doutrinária do tributo pelo *princípio do enriquecimento sem causa*, peculiar ao Direito Privado. Se o Poder Público, embora agindo no interesse da coletividade, emprega vultosos fundos desta em obras restritas a certo local, melhorando-o tanto que se observa elevação do valor dos imóveis ali situados, com exclusão de outras causas decorrentes da diligência do proprietário, impõe-se que este, por elementar princípio de justiça e de moralidade, restitua parte do benefício originado do dinheiro alheio.

Outra solução conduziria à iniqüidade insuportável de serem uns sobrecarregados do custo de obras, que lhe interessam e também ao público, ao passo que outros, sem o mínimo esforço ou investimento, receberam o presente de obras idênticas realizadas pelos cofres públicos.

Para os juristas americanos, o princípio que serve de base às contribuições da melhoria para cobrir o custo de melhoramentos é "o de que a propriedade sobre a qual elas recaem está especificamente beneficiada e ainda o de que os proprietários não pagam, de fato, nada em excesso de quanto receberam por efeito daqueles melhoramentos".

A contribuição de melhoria é um tributo cobrado pelo Estado dos proprietários de imóveis, valorizados por uma obra pública e que têm como limite total a despesa realizada e como limite individual e acréscimo de valor que da obra resulta ao imóvel.

Da definição acima, tiramos as seguintes conclusões:

a) Para a cobrança desse tributo, é necessária a realização de uma obra pública.

b) O tributo só atinge uma determinada classe - a dos proprietários de imóveis.

c) A valorização do imóvel deve resultar de uma obra pública.

d) A contribuição de melhoria tem dois limites: um total e outro individual.

5.22. LEGISLAÇÃO

A contribuição de melhoria são tributos (Receitas Derivadas) oriundas do patrimônio particular. São arrecadados como tributo conforme o art. 18, II, da Constituição.

O art. 5º do CTN considera tributo, os impostos, as taxas e as contribuições de melhoria.

O processo de lançamento e a cobrança da contribuição de melhoria estão regulados pelo Decreto-Lei nº 195, de 24.02.67, além dos arts. 81 e 82 do CTN.

5.23. CONTRIBUIÇÃO DE MELHORIA SOB O PONTO DE VISTA DO DIREITO FINANCEIRO

A contribuição de melhoria sobre a dúvida da autonomia, i.é, se é autônoma ou se é apenas uma taxa especial - Pontes de Miranda entende que não é tributo. Aliomar Baleeiro defende posição contrária.

Sob o ponto de vista de direito positivo, não há dúvida, o CTN, a Constituição Federal e o Decreto-Lei nº 195 de 28.02.67 consagram a autonomia da contribuição de melhoria, e a definem como tributo.

5.24. BREVE HISTÓRICO DA TAXA

A taxa é um tributo de formação recente. Em Roma antiga, havia uma rudimentar desse tributo. O nascimento das taxas se deu no período Regalista - na França forma abertas várias estradas e passagem por elas começou a ser cobrada - daí a primeira forma de pedágio - as taxas atuais evoluíram dessa forma. Wagner preconizou que "as taxas de hoje serão os impostos de amanhã".

5.25. DEFINIÇÃO DE TAXA

Apresentaremos a seguir uma resenha das principais definições de taxa encontradas na doutrina:

G. Fasolis - Corresponde à taxa a quota-parte de um serviço prestado à coletividade.

Pierson - Taxa é toda remuneração direta ao Estado e às comunas; todo pagamento a que somos obrigados por fazer uso de instituição ou estabelecimento que o poder público criou no interesse geral, mas com intuito não absolutamente fiscal.

Nitti - As taxas são a compensação de um serviço obtido do Estado ou dos poderes locais, paga por serviço particular de natureza divisível.

Seligman - A taxa é o pagamento que cabe às despesas de cada serviço periódico empreendido pelo governo, sobretudo no interesse público.

Fabini - A taxa é, antes de tudo, um preço...

Laferrière Waline - A taxa é uma prestação pecuniária exigida de um indivíduo por ocasião e por motivo de uma vantagem determinada que o Estado lhe fornece.

Veiga Filho - Taxa é a contribuição exigida em virtude de um serviço especial, divisível, provocado, e é cobrada como uma remuneração ou retribuição de um fato *a posteriori*.

Ruy Barbosa - As taxas são contribuições pecuniárias que o indivíduo paga, a troco e por ocasião de um serviço público determinado.

Amaro Cavalcanti - A palavra taxa, na sua acepção própria, designa o gênero de contribuição que o indivíduo paga por um serviço diretamente recebido.

E. Morselli - Chama-se taxa a compensação devida às entidades públicas pelo indivíduo que as utiliza e é consumidor do serviço especial.

A. Baleeiro - Taxa é o tributo cobrado de alguém que se utiliza de serviço público especial e divisível, de caráter administrativo ou jurisdicional, ou tem à sua disposição, e ainda quando provoca em seu benefício, ou por ato seu, despesa especial dos cofres públicos.

É característico da taxa a especialização do serviço em proveito direto ou por ato do contribuinte, ao passo que, na aplicação do imposto, não se procura apurar se há qualquer interesse direto e imediato, por parte de quem paga.

Definição do autor - Taxa é o tributo cobrado pelo Estado (qualquer entidade orgânica-política) em razão do exercício regular do poder de polícia ou pela utilização efetiva ou potencial de um serviço público específico e divisível, prestado ao contribuinte ou posto a sua disposição.

5.26. OBRIGATORIEDADE DA TAXA

O prof. Monteiro de Barros sustentou que a taxa não era obrigatória. Todavia, a doutrina brasileira, a Constituição e o CTN definem a taxa como tributo. A. Baleeiro afirma que a taxa é obrigatória.

5.27. FATOR GERADOR DA TAXA

Baleeiro diz que a taxa tem como fator geral e "causa" jurídica: a prestação efetiva ou potencial dum serviço específico ao contribuinte, ou a compensação deste à Fazenda Pública por lhe ter provocado, por ato ou fato seu, despesa também especial e mensurável.

O Código Tributário Nacional, no seu art. 77, preceitua que a taxa tem como fato gerador o exercício regular do poder de polícia, ou a utilização, efetiva ou potencial, de serviço público específico e divisível prestado ao contribuinte ou posto à sua disposição. Estes dois fatores permitem que a taxa seja cobrada.

As taxas, para serem legitimamente cobradas, devem satisfazer três condições (art. 77, parágrafo único do CTN):

a) A taxa não pode ter base de cálculo idêntica aos impostos;

b) A taxa não pode ter fato gerador idênticos aos que correspondem ao imposto;

c) A taxa não pode ser calculada em função do capital das empresas.

Características teóricas das taxas:

a) Na taxa, em decorrência do serviço público específico e divisível, o contribuinte sempre será beneficiado com uma vantagem especial.

b) Em razão desta vantagem especial, o Estado fica autorizado a exigir do contribuinte uma contraprestação.

5.28. UTILIZAÇÃO DO SERVIÇO PÚBLICO ESPECÍFICO

O art. 79, a respeito do serviço público, esclarece, no inciso I, quando utilizados pelo contribuinte: na alínea *a*, quando utilizados efetivamente; na alínea *b*, quando utilizados potencialmente; no inciso II, quando específicos; e no inciso III, quando divisíveis.

5.29. PODER DE POLÍCIA

O art. 78 do CTN define poder de polícia. O parágrafo único desse artigo define os requisitos desse poder.

"O poder de polícia é o principal instrumento do Estado no processo de disciplina e continência dos interesses individuais, reproduz, na evolução de seu conceito essa linha ascensional de intervenção dos poderes públicos. De simples meio de manutenção da ordem pública ele se expande ao domínio econômico e social, subordinando ao controle e à ação coercitiva do Estado uma larga porção da iniciativa privada.

O poder de polícia é o conjunto de atribuições concedidas à administração para disciplinar e restringir, em favor de interesse público adequado, direitos e liberdades individuais. Essa faculdade administrativa não violenta o princípio da legalidade, porque é da própria essência constitucional das garantias do indivíduo a supremacia dos interesses da coletividade. Não há Direito Público subjetivo absoluto no Estado moderno. Todos se submetem, com maior ou menor intensidade, à disciplina do interesse público, seja em sua formação ou em seu exercício. O poder de polícia é uma das faculdades discricionárias do Estado, visando à proteção da ordem, da paz, e do bem-estar sociais.

O exercício do poder de polícia pressupõe, inicialmente, uma autorização legal explícita ou implícita, atribuindo a um determinado órgão ou agente administrativo a faculdade de agir. A competência é sempre condição vinculada dos atos administrativos, decorrentes, necessariamente, de prévia enunciação legal.

A competência de polícia pertence, segundo a matéria, à esfera federal, estadual ou municipal, podendo ser concorrente ou exclusiva. Nas hipóteses legais poderá, ainda, ser delegada ou transferida. Dependerá, sempre, no entanto, de determinação legal, específica ou genérica, não podendo ser presumida ou deduzida por analogia ou extensão."

5.30. DISTINÇÕES ENTRE TAXA E PREÇO

a) *Relativamente ao interesse prestado*. No preço, o interesse é o privado. Na taxa, o interesse é público.

b) *Móvel da ação do Estado*. Na taxa, o móvel da ação do Estado é prestar o serviço. No preço, o móvel é o lucro.

c) *Quando ao modo de agir*. No preço, o Estado se assemelha aos entes privados. Na taxa, o Estado age como ente público.

d) *Quanto ao regime jurídico que disciplina a ação do Estado*. No preço, a ação do Estado está regida pelo direito privado. Na taxa, o Estado age de acordo com as normas de Direito Público.

e) *Quanto às fontes donde emanam*. O preço emana da exploração do domínio privado do patrimônio estatal, é receita voluntária não-coercitível. A taxa provém da riqueza particular, provém dos bens da pessoa de Direito Privado, é uma receita derivada, coercitível, obrigatória.

f) *Distinção jurídica (principal diferença)*. É a que se baseia nas condições exigidas por lei para sua cobrança.

O preço para ser cobrado, criado, aumentado, depende apenas de uma lei autorizando uma autoridade administrativa se a lei lhe cometeu essa atribuição ou se deu autonomia financeira ao estabelecimento público. Um preço pode ser estabelecido, exigido e majorado em qualquer dia do ano para cobrança imediata.

A taxa deve ser criada por lei, e qualquer alteração posterior depende de uma nova lei. Tanto a lei que cria a taxa como que a aumenta devem ser promulgadas antes do exercício financeiro que entrará em vigor. Isto é uma decorrência do artigo 153, § 29, da Constituição Federal.

5.31. IMPORTÂNCIA POLÍTICA DA DISTINÇÃO ENTRE IMPOSTOS E TAXAS

A distinção entre imposto e taxa reside em que ambos são processos de repartição de custos, mas, enquanto a última divide a despesa por entre os indivíduos componentes do grupo limitado dos beneficiários (quer usem do serviço ou o provoquem, quer gozem do serviço porque o têm a sua disposição), em contraste, o imposto opera a divisão dos encargos governamentais por grupos mais dilatados sem a mínima preocupação de que os indivíduos deles integrados sejam ou não beneficiados, ou tenham a mais remota responsabilidade na provocação do serviço assim mantido.

5.32. DEFINIÇÃO DE IMPOSTO

Baleeiro entende por imposto "a prestação de dinheiro que, para fins de interesse coletivo, uma pessoa jurídica de Direito Público, por lei, exige coativamente de quantos lhe estão sujeitos e têm capacidade contributiva, sem que lhes assegure qualquer vantagem ou serviço específico em retribuição desse pagamento".

Nos países juridicamente organizados, só por lei o imposto é decretado ou majorado. Só a lei, no sentido material, e formal, cria o dever de pagar esse tributo.

Se alguém está política ou economicamente vinculado por qualquer modo a um grupo politicamente organizado, porque tira proveito, ou no âmbito dele exterioriza qualquer manifestação de capacidade contributiva, que pode ser objeto de arrecadação, compulsoriamente exigível, o imposto tem cabimento. O Estado cobra impostos de residente fora de sua jurisdição, quando aqui possui bens, ou de qualquer fonte no território nacional lhe é remetido um rendimento ou atribuída uma herança. O estrangeiro, em trânsito, gastando recursos que trouxe consigo, sofre a tributação através dos impostos de consumo, vendas e outros que operam seus efeitos pela repercussão.

O imposto, em regra geral, não se detém diante dos empecilhos do direito comum, que resguardam de obrigações certas pessoas em determinadas situações. A imunidade fiscal é sempre de direito expresso.

Um atributo apenas encara a lei quando elege alguém, sua situação, seus bens ou seus atos para base do imposto: a capacidade contributiva. Toda manifestação concreta dessa capacidade econômica, em princípio, pode ser exigida em fato gerador de imposto, se um dispositivo constitucional a não tornou imune.

O Código Tributário Nacional, no seu art. 16, define o imposto, porém não foi feliz em caracterizá-lo, pois o fez apenas por um de seus elementos essenciais.

Jèze apresentou uma definição que foi adotada pelo autor:

"O imposto é uma prestação pecuniária, exigida coercitivamente pelo Estado, do cidadão, segundo regras fixas, para atender as necessidades públicas gerais e cobrada dos que a pagam pelo fato de pertencerem a uma coletividade politicamente organizada."

5.33. CARACTERÍSTICAS FUNDAMENTAIS DO IMPOSTO

Da definição de Jèze, observam-se cinco características fundamentais do imposto:
a) Prestação pecuniária - pago em moeda;
b) O Pagamento forçado de uma quantia;
c) O pagamento do imposto constitui uma prestação individual, e a esta prestação individual não corresponde nenhuma contraprestação por parte do Estado (característica mais importante);
d) O imposto é cobrado segundo regras fixas na lei;
e) O imposto se destina à satisfação das necessidades coletivas públicas gerais.

5.34. TEORIAS ÉTICAS FUNDAMENTAIS PARA A COBRANÇA DO IMPOSTO

a) *Teoria da Troca* (Bastiat) - Na cobrança do imposto, há uma troca entre o Estado e o cidadão. O Estado entra com o serviço, e o particular, com o dinheiro.

b) *Teoria do benefício* (Hobbes) - O imposto é o benefício que o Estado propicia ao cidadão. É o princípio da prestação e da contraprestação.

Essa teoria, como a teoria da troca, não procede porque não há contraprestação por parte do Estado. Atualmente, os que mais pagam são os que menos recebem.

c) *Teoria do seguro* (Girardon) - Por essa teoria, o Estado seria uma grande Companhia de seguro, em troca, os indivíduos pagariam o imposto, que seria uma espécie de prêmio.

Não procede esta teoria, o Estado não garante a vida de ninguém, e tampouco consegue evitar o roubo e furto. O Estado, punindo os infratores, não visa ao particular.

d) *Teoria do sacrifício* (Stuart Mill) - Por essa teoria, o Estado era um mero consumidor de riquezas. Esposando essa teoria, Bentham disse que esse sacrifício teria de ser o menor possível.

e) *Teoria das faculdades* - Por essa teoria, os cidadãos deveriam colaborar de acordo com suas faculdades contributivas. Essa teoria teve três correntes: a de *Adam Smith* - a capacidade contributiva de cada um deveria ser auferida de acordo com o rendimento; a de *Walker* - a faculdade de contribuir se baseava na capacidade de produção, quanto mais mais capaz fosse o indivíduo, maior seria sua capacidade contributiva; e a de *Seligman* - a capacidade contributiva deveria ser apurada não só pela produção, mas também pela necessidade de consumo do indivíduo.

5.35. TEORIA DO DEVER SOCIAL

Um dos adeptos dessa teoria é Jèze - (o dever é social) É obrigação de cada um suportar o ônus do Estado. Constitui um dever social aceitar este ônus.

5.36. DISCUSSÃO ENTRE O BEM OU O MAL DO IMPOSTO

Allix diz que o imposto não é um bem nem um mal, e sim, uma necessidade, visto que o imposto se baseia na capacidade contributiva.

5.37. PRINCÍPIOS QUE OS IMPOSTOS DEVEM REUNIR PARA ATINGIR A FINALIDADE

Os princípios apontados por Nitti são:
a) *Princípio da generalidade* - Todos os cidadãos devem pagar impostos por razão de que a cobrança do imposto é uma repartição do ônus do Estado, quanto maior o número de pessoas a suportar o ônus, menor será a parte de cada um. Existe um limite para a generalidade. Devem pagar impostos todos os que têm mais do suficiente para sua conservação. Esse princípio se encontra no artigo 202 da Constituição de 46.
b) *Princípio da uniformidade* - Todos devem pagar os impostos, de acordo com sua capacidade contributiva. A verdadeira igualdade perante a lei é o tratamento desigual aos desiguais.

5.38. MÁXIMAS DE ADAM SMITH SOBRE O IMPOSTO

a) Todos devem pagar os impostos de acordo com seu patrimônio (seus bens que foram adquiridos com a cooperação do Estado); contém os princípios da *generali-*

dade e *uniformidade* condensados. O imposto só poderia ser exigido se os bens fossem adquiridos com a proteção do Estado. Se o Estado nada assegurar para o contribuinte adquirir seus bens, não terá direito de exigir os impostos.

b) O imposto deve ser certo, conhecido - conhecimento prévio de quanto, como e onde se vai pagar os impostos - *o princípio da certeza* contém *o princípio da publicidade*.

c) Contém o princípio da *comodidade*, por ela se estabeleceu que o imposto deve ser exigido da maneira mais cômoda para o contribuinte.

d) Contém o princípio da *economia*, por ela o imposto deve ser o mais econômico possível, aquilo que é desembolsado pelo contribuinte deve entrar quase que totalmente para o Estado. As despesas de arrecadação devem ser as menores possíveis.

5.39. DISTINÇÃO ENTRE IMPOSTO E OUTROS TRIBUTOS

Em termos econômicos, é sabido que todo tributo é processo de repartição de custo de serviços públicos, poder-se-á diferenciar o imposto pelos seguintes contrastes:

a) A taxa divide o custo de serviços ou despesas entre aqueles que tiraram proveitos ou formam causa direta do gasto do Tesouro;

b) A contribuição de melhoria divide a despesa duma obra entre os proprietários de imóveis, cuja valorização decorreu desse melhoramento público.

c) O imposto divide a despesa de serviços públicos de qualquer natureza entre os que têm capacidade econômica de pagá-los sem quaisquer indagações sobre o proveito ou responsabilidade dos contribuintes em relação à existência de tais serviços.

Por outro lado, ainda do ponto de vista econômico, o imposto é tributo que de modo precípuo opera a redistribuição da renda nacional, modificando as situações anteriores, desde que retira renda de uns para distribuir rendas e outros membros da coletividade.

5.40. A RENDA E O CAPITAL SUPORTAM OS IMPOSTOS

O imposto, do ponto de vista econômico, transfere coisas e serviços do setor privado para o setor público.

O fato gerador apenas indica as várias situações ou oportunidades em que a renda dos particulares pode ser espreitada e atingida pelo Fisco: ora quando é recebida (impostos sobre a renda propriamente dita), ora quando é objeto de atos jurídicos (impostos de selos sobre documentos que provam contratos e negócios), ou ainda quando os beneficiários dessa renda a gastam (impostos de consumo, etc.)

Essa afirmação é verdadeira, sob a ressalva de que, em certos casos especiais, os impostos também representam mutilação de capital já formado. Não significa isso que os chamados impostos sobre o capital retirem deste a quantia em que se definem. Muitas vezes um "imposto sobre o Capital", como ponderou Jèze, nada mais é do que imposto medido pelo capital e pago pela renda.

Suponhamos que seja decretado um imposto de 2% sobre o valor das casas de aluguel. A residência, que vale R$ 60.000,00 e está alugada por R$ 6.000,00 anuais, pagará R$ 1.200,00. Ora, esses 2% sobre R$ 60.000,00 do capital nada mais são do que 20% sobre a renda. Pagando-os, o proprietário despojou-se apenas de 1/5 da sua renda, ficando intato o capital.

Mas casos há em que, pelo vulto da tributação, o imposto não pode ser pago pela renda e realmente desfalca os capitais Impostos de transmissão *causa mortis* de 10, 20 e 30 ou 50%, como já cobram vários Estados brasileiros, exigem que o herdeiro se desfaça de capital que já possuía ou venda alguns dos elementos da herança. É fato de observação que, muitas vezes, herdeiros requerem aos juízes autorização para venda de alguns bens do acervo, a fim de poderem pagar os impostos sucessórios.

5.41. CAPACIDADE CONTRIBUTIVA

A capacidade contributiva do indivíduo significa sua idoneidade econômica para suportar, sem sacrifício do indispensável à vida compatível com a dignidade humana, uma fração qualquer do custo total de serviços públicos. Não podendo medi-la em todos os casos, nem contando com a inteira sinceridade do contribuinte, o legislador estabelece, através do fato gerador de cada imposto, um sistema de indícios e presunções dessa capacidade fiscal. A propriedade de imóveis ou de riquezas mobiliárias, como ações de sociedades anônimas, títulos públicos, etc., o recebimento de herança, a aquisição de bens, a percepção de rendas, a celebração de atos jurídicos, a despesa sobretudo a que não se refere ao essencial à existência, são elementos indiciários da capacidade contributiva.

5.42. OS LIMITES DA TRIBUTAÇÃO

O limite das receitas de imposto de um povo há de ser sempre bem menor do que sua renda nacional. Na atualidade, esse limite já se distendeu de 20% a 30% da renda nacional, nível que pareceu inatingível nas cojeturas dos escritores clássicos, quando mal passava de 7 a 10%.

5.43. CRITÉRIO DE CLASSIFICAÇÃO DOS IMPOSTOS

Segundo Baleeiro, nenhuma classificação de impostos se pode considerar rigorosamente científica. Algumas são antigas e têm desafiado dois séculos de críticas e restrições, como a que separa os impostos em diretos e indiretos.

O problema da classificação reside na escolha do critério distintivo: o contribuinte? natureza econômica da matéria tributada? o fato gerador? a técnica da imposição?

5.43.1. Primeira classificação: impostos reais e impostos pessoais

a) *Impostos reais* - incidem sobre as coisas;
Impostos pessoais - incidem sobre a pessoa (antigo imp. de captação).

b) *Impostos reais* - atingem o patrimônio do contribuinte (imposto predial);
Impostos pessoais - atingem a renda do contribuinte.

c) *Impostos reais* - atingem a renda ou patrimônio do contribuinte;
Impostos pessoais - atingem o patrimônio ou renda do contribuinte como um todo.

Chamam-se impostos pessoais ou subjetivos os que são regulados em seu quantitativo e noutros aspectos pelas condições individuais dos contribuintes de sorte que sua pressão é estabelecida adequadamente à capacidade econômica deles. O legislador, dispondo sobre esse gênero de tributos, discrimina os contribuintes segundo a idade, estado civil, grau de parentesco, domicílio e residência, vulto da renda ou patrimônio, existência de dívidas passivas e circunstâncias outras. Na tributação pessoal, há uma individualização do gravame sob diferentes ângulos de apreciação.

Os *impostos reais, ou objetivos*, pelo contrário, são decretados sob a consideração única da matéria tributável, com inteira abstração das condições personalíssimas de cada contribuinte. O legislador concentra sua atenção exclusivamente no fato gerador, desprezadas as circunstâncias peculiares ao contribuinte que poderiam ser tomadas como dados de fato sobre sua capacidade contributiva.

O mesmo imposto, conforme a técnica adotada e a eleição do fato gerador, poderá ter caráter real ou pessoal. O velho imposto de heranças, se for calculado pura e simplesmente sobre o valor bruto do acervo, terá a natureza de tributo real.

Observa-se na legislação contemporânea uma tendência para a personalização dos impostos reais.

Jèze reputa a personalidade do contribuinte como o mais seguro elemento de classificação que, para ele, compreende três categorias:

a) impostos pessoais, segundo o indivíduo, como tal (capitação) ou segundo sua capacidade econômica geral (renda global);

b) impostos semipessoais, segundo a fruição de certo rendimento ou parcela da renda global (impostos cedulares do sistema brasileiro de imposto sobre a renda);

c) impostos reais (sobre mercadorias, ou sobre atos jurídicos).

5.43.2. Segunda classificação: Impostos diretos e indiretos

a) repercussão:
impostos diretos - não repercutem;
impostos indiretos - repercutem.
b) Frances:
impostos diretos - lançados mediante relações nominativas, como prévia identificação do contribuinte;
impostos indiretos - lançados sem prévia identificação do contribuinte.

c) Foville:
impostos diretos - atingem manifestações permanentes da capacidade contributiva (ex.: predial, territorial);
impostos indiretos - manifestações esporádicas da capacidade contributiva.

Essa classificação deita raízes na obra dos fisiocratas, a divisão dos impostos em diretos e indiretos possui no fundo o fenômeno da repercussão fiscal.

Tem como base o fato de pagar e suportar o ônus um mesmo contribuinte (imposto direto) ou de um indivíduo pagar a soma exigida e transferir a outro esse sacrifício pelo aumento de preço ou por outro processo econômico de troca (imposto indireto) = 1º critério.

Noutro critério - o administrativo = 2º critério - imposto direto é aquele em que o contribuinte é individualmente inscrito no lançamento; imposto indireto prescinde dessa técnica administrativa e pode manter o anonimato do contribuinte.

O critério exposto por Foville: o imposto direto atinge o contribuinte nos elementos tributáveis que têm caráter durável, constante, como a existência, a posse, a profissão - Existir, possuir, exercer comércio ou indústria; os impostos indiretos, pelo contrário, assentam não sobre qualidades ou posse, mas sobre fatos particulares e atos intermitentes.

O verbo "fazer" = imposto indireto
Os verbos "ser" ou "ter" = imposto direto

5.43.3. Terceira classificação: impostos fixos, proporcionais e graduados

a) *Impostos fixos* - o montante é estabelecido pela lei para todas as unidades da matéria tributável, sem levar em conta o valor do objeto da matéria tributada.

b) *Impostos proporcionais* - não é fixo o montante, e sim alíquota que incide sobre valor da matéria tributada,

porém a relação do imposto da matéria tributada é proporcional,
Ex.: Um relógio de R$ 10,00 para R$ 1,00 de imposto. Um relógio de R$ 100,00 paga R$ 10,00 de imposto.

c) *Impostos graduados* - Subdividem-se em três tipos:

Impostos progressivos - São aqueles cuja alíquota aumenta a medida que aumenta o valor da matéria tributável, por ex.: se o valor é de R$ 1.000, temos 5%; se o valor é de R$ 5.000, temos 10%; se o valor é de R$ 10.000, temos 15%.

Nesse tipo de imposto, pode ser cobrado por taxas globais ou proporcionais. A primeira maneira de cálculo para pagar pega o imposto como um todo. Da segunda maneira, o apanha em parcela.

Essa modalidade de imposto despertou a oposição dos liberais.

Impostos regressivos - quanto maior o valor da matéria tributável, menor a alíquota.

Impostos degressivos - é o imposto proporcional mitigável, fixa-se o valor mínimo da matéria tributável.

R$ 5.000,00 - 10%; R$ 4.000,00 - 8%; R$ 3.000,00 - 5%

5.44. REAÇÕES DOS CONTRIBUINTES

Os tributos provocam diferentes reações econômicas e psicológicas dos contribuintes. Poderão estimular o pleno emprego até o inconveniente hiperemprego. Poderão ativar a preferência pela liquide, através da oferta maciça de mercadorias para realizar disponibilidades de dinheiro em caixa, suscitando baixa de preços e até a depressão.

5.44.1. Evasão fiscal

É o nome genérico dado à atitude do contribuinte que se nega ao sacrifício fiscal.

Pode ser legítima ou ilegítima.

a) *Evasão fiscal legítima.* É aquela que o contribuinte pratica sem violação da lei. Por ex.: o fumante que deixa de fumar ou passa a preferir cigarro mais barato está no seu direito.

Jèze incluiu no campo da evasão legítima ou lícita a preferência por forma de ato jurídico que escapa ao imposto, por ex.: a procuração em causa própria, a promessa de compra e venda quitada em lugar de escritura de compra e venda de imóvel. Esta última forma é regular e sujeita o comprador ao imposto de transmissão *inter vivos*. O comprador, pelos atos jurídicos mencionados acima, assegura-se não a posse, mas o direito de vender a propriedade, fugindo do imposto.

A evasão fiscal pode ser desejada ou não pelo legislador.

A evasão fiscal desejada ocorre quando o Estado pretende, através do imposto, exercer o poder de polícia ou uma finalidade extrafiscal, por ex.: história em quadrinhos, fabricação de brinquedos imitando armas. São casos de fabricação de produtos que o Estado não se interessa pelo consumo da população.

Mas de um modo geral, o Estado não deseja que ocorra a evasão legítima.

b) *Evasão fiscal ilegítima.* Quando o contribuinte pratica a evasão com infração a lei, há então a fraude fiscal. A principal é a sonegação. (= ocultação do imposto a pagar).

Há também uma evasão ilegítima na faixa de fronteira chamada descaminho de direito, i.é, mercadorias que entram no país sem pagar os impostos alfandegários.

Cabe salientar que o contrabando não é evasão fiscal, é a entrada de mercadorias no território nacional não permitida por lei, ou seja, determinadas mercadorias são proibidas de entrar no território nacional.

5.45. EFEITOS DA EVASÃO FISCAL LEGÍTIMA E ILEGÍTIMA

A evasão sobrecarrega os demais contribuintes, onerando-os além do razoável, enquanto escapam ao sacrifício fiscal os que conseguem praticá-la. As leis tributárias, em geral, têm lacunas ou *loopholes* como as designam os americanos.

5.45.1. Repercussão

É o fenômeno pelo qual o contribuinte paga o imposto, mas liberta-se do sacrifício, transferindo-o a terceiros no todo ou em parte.

Dá-se o nome de *contribuinte de iure* àquele a quem a lei obriga ao recolhimento do imposto, quando define o fato gerador, isto é, o fato que caracteriza o dever de pagar o tributo. *Contribuinte de fato* é quem, afinal, por efeito da transferência, suporta efetivamente o ônus tributário, embora a lei o não designasse para esse fim.

Tomemos, por hipótese, um imposto de consumo, que recaia à base de R$ 0,55 sobre cada carteira de cigarros de R$ 1,00 no retalho. O fabricante, por lei, é o contribuinte de *iure*: deverá adquirir o selo e colá-lo em cada carteira. Ele antecipa o dinheiro ao Tesouro, mas soma ao custo de produção da mercadoria não só o lucro, mas também o imposto.

Suponhamos, num exemplo hipotético, que o valor do fumo, envoltórios, mão-de-obra, transporte, etc. importem em R$ 0,15. O fabricante poderá formar o preço mais ou menos da seguinte base:

Custo de produção . . . . .R$ 0,15
Lucro do fabricante e revendedor, outros tributos etc. . . . . .R$ 0,30
Imposto s/ Produtos Industrializados . . . . .R$ 0,55
Preço para o consumidor . . . . .R$ 1,00

Venderá por esse preço cada carteira ao retalhista, menos cerca de 15% para lucro deste, I.C.M. e despesas gerais.

Juridicamente, o Imposto sobre o Produtos Industrializados é pago pelo fabricante, mas quem suporta o sacrifício através do processo da formação de preços é o consumidor ou contribuinte de fato.

O primeiro momento, no processo, quando o Imposto de Produtos Industrializados atinge o fabricante, chama-se de *percussão* ou *impacto*.

Aquela transferência do ônus do fabricante para o retalhista, por meio da inclusão do valor do imposto no preço dos cigarros, é chamada *primeira repercussão*. Dá-se a *segunda repercussão* quando o retalhista, por sua vez, transfere seus impostos e os do fabricante ao consumidor. O consumidor recebe a carga fiscal, sem poder transmiti-la a outrem, há *incidência*. O contribuinte de fato, ao receber a carga fiscal, presume-se que esteja conformado ou não tenha perfeita consciência do que pagou.

Segundo a cátedra, quando ocorre a percussão, dá-se a *incidência direta*, e quando a última repercussão atinge o contribuinte de fato, dá-se a *incidência indireta*.

Seligman fala em:

Frontward = repercussão do imposto para frente;
Backward = repercussão do imposto para trás;
Onward = repercussão do imposto em superfície.

Às vezes, a repercussão é parcial; outras vezes, nenhuma.

A repercussão para frente é caso do exemplo dos cigarros.

A repercussão para trás dá-se quando o vendedor suporta no todo ou em parte o peso do tributo, a repercussão ocorre do comprador para o vendedor.

A repercussão em superfície, quando a carga é suportada parcialmente pelo contribuinte de direito, pelo de fato, e por cada um dos intermediários (atacadista, retalhista, etc.).

5.45.2. Condições dificultam ou favorecem a repercussão

a) Só há repercussão em negócios bilaterais ou multilaterais. Não se concebe repercussão do imposto sobre heranças, doações, ganhos de fortuna ou acaso;

b) É necessária a indagação do mercado em que opera o vendedor. É em monopólio? Em oligopólio? Em monopsônio? Livre concorrência? Concorrência imperfeita? No regime de monopólio, pode haver repercussão para frente, não há concorrente;

c) Importa verificar se a procura do objeto tributado é rígida ou elástica. Quando a procura é rígida, o comprador, embora esbravejando, resigna-se à aquisição das coisas, como por ex.: alimentos básicos, vestuário essencial. Mas quando a procura é elástica, ele pode desistir das compras cujas necessidades não são imperiosas, nesse caso pode ocorrer que o comprador desloque a sua preferência para sucedâneos de menor preço ou menos tributado. Outra circunstância a verificar é se a mercadoria é perecível ou durável, de venda permanente ou estacional. Há produtos como o peixe, frutas etc. que apodrecem ou se deterioram se não forem utilizados dentro de termo breve, assim como há artigos cuja procura só é intensa na Páscoa, no Carnaval, etc. Nesse casos, o vendedor não se pode manter intransigente no preço. Prefere ceder suas pretensões e agüentar parte de ônus tributário. A moda é outro fator que deverá ser levado em conta de preferência em certos ramos de comércio;

d) Outro aspecto a ser encarado é o dos artigos complementares, porque se ajustam ao mesmo uso, como cigarro e fósforo, gasolina e lubrificante, etc. A tributação de uma, reduzindo-lhe o consumo, pode provocar paradoxalmente a diminuição da procura da outra e seu conseqüent barateamento;

e) O *peso* do imposto é também relevante: se o imposto é leve, o comerciante pode optar por não repercutir. Ao contrário, se for pesado, o comerciante não poderá agüentar o fardo sozinho, terá de repercutir.

f) Outro aspecto a considerar é quanto à *oferta*: se esta for rígida, a repercussão é difícil, no entanto, se for elástica, a repercussão será fácil;

g) Outro aspecto é o *tempo*: se o produto sofre uma majoração alta, e esta fosse repercutida, em seguida haveria uma reação violenta dos consumidores. Mas aquela majoração pode ser repercutida aos poucos, sem que os consumidores se dessem conta de seu sacrifício;

h) Nos bens de capital que não produzem rendimento, e para os quais há procura rígida, uma tributação forte inverterá a repercussão. Ela se processará para trás. Nos períodos de depressão, o imposto sobre a transmissão *inter vivos* de imóveis tende a realizar-se contra o vendedor;

i) Nas fases inflacionárias, em geral, ocorre o contrário. Há mercado para vendedor. Esse dita os preços em face da escassez das mercadorias e da abundância do poder aquisitivo.

Certos tributos específicos sobre um grupo de mercadorias têm como conseqüência expulsá-las do mercado, ou encarecê-las, de sorte que a procura se desloca para similares não-tributadas e que, entretanto, experimentam elevação de preços. O fato tem sido demonstrado pelas tarifas alfandegárias de caráter protecionistas. Majorada a tributação, energicamente, sobre o artigo estrangeiro, o similar nacional, se as demais condições permanecem inalteráveis, logra ser vendido a preços mais altos, porque a procura se desvia na direção deles.

Na repercussão, o Estado não perde; quem sofre o imposto indireto é o consumidor.

Nos países aristocratas, a preferência é pelos impostos indiretos. Entretanto, nos países democratas, é pelo imposto direto.

5.46. DIFUSÃO

Lord Mansfield comparou o imposto sobre um elemento do mercado como uma pedra que caísse num lago e produzisse círculos concêntricos de agitação das águas até os pontos mais distantes. O sacrifício se pulverizaria entre todos os membros desta. "A carga do imposto acaba por anular-se e não ser suportada".

5.47. ELISÃO

Os italianos definiram elisão como "qualquer processo pelo qual o custo de produção de mercadorias venha a ser reduzida, em todo ou em parte, pelo volume do imposto".

5.48. AMORTIZAÇÃO

Assemelha-se com a repercussão regressiva ou para trás, em ambos os casos, o comprador esquiva-se do imposto, deixando-o ao vendedor. A repercussão regressiva se produz relativamente a um só imposto, ou a um imposto cada vez que é devido, ao passo que a absorção visa a um fenômeno que se opera em relação a toda uma série de impostos e intervém antes que qualquer desses impostos seja pago. A absorção importa modificação de preço igual ao valor capitalizado de todos os pagamentos futuros.

Ex.: Suponhamos o titular duma apólice de R$ 1,00 a juros de 5% e cuja cotação esteja ao par quando o governo institui o imposto cedular de 20% sobre os rendimentos ou um imposto de 1% sobre o capital, tributações praticamente equivalentes. O proprietário da apólice já não achará quem a adquira por R$ 1,00, mas somente por R$ 0,80, porque o comprador se limitará a preço que lhe permita auferir o mesmo juro anterior. Abatido o imposto, o restante do juro equivalerá a 5% sobre R$ 0,80 ao passo que, se o título fosse comprado por R$ 1,00, esse juro se reduziria positivamente a 4%. Há, pois, uma diminuição de cotação correspondente ao valor em capital do imposto instituído. O sacrifício é suportado pelo titular da apólice ao tempo da criação do tributo, porque os futuros adquirentes, pelo exposto, lograrão ficar compensados previamente do ônus de quantas prestações devam entregar ao Fisco.

5.49. CAPITALIZAÇÃO

Se, pelo contrário, tais apólices já estiverem tributadas desde a sua emissão, e o governo deliberasse isentá-las, o detentor seria beneficiado com a alta de cotação correspondente ao valor em capital do juro acrescido pela imunidade. Verifica-se, aí, a capitalização do imposto.

5.50. DISTINÇÃO ENTRE ABSORÇÃO E AMORTIZAÇÃO

A absorção é total: liberta inteiramente do ônus fiscal o comprador, sacrificando o vendedor. A amortização é parcial: a diminuição de valor do capital não basta para transferir do comprador para o vendedor toda a carga do imposto.

5.51. TRANSFORMAÇÃO

Ou remoção, é um fenômeno que suprime a carga tributária do contribuinte de direito, sem repercussão sobre o contribuinte de fato. Ambos se esquivam do imposto, graças ao aperfeiçoamento tecnológico dos processos de produção, que são modificados para baixa do custo, sob o estímulo da perspectiva de pagar menos ao Erário.

A transformação distingue-se da repercussão porque esta se processa através da compra e venda, e aquela, através do barateamento do custo de produção, em casos de rendimentos crescentes, ou, pelo menos constantes, mercê de aprimoramentos técnicos.

Mas Culloch, ao expor essa teoria, citou um episódio ocorrido nas destilarias escocesas no fim do século XVIII. Elas eram tributadas à base de cálculos da produção presumível dos alambiques. Pelo receio da fraude, o Fisco substituiu esse critério pelo imposto proporcional à cubagem dos alambiques, de sorte que esse cálculo constituía um coeficiente da produção de um ano. Os destiladores aperfeiçoaram a técnica a fim de que pudessem destilar mais rapidamente quantidade maior, de sorte que assim anulavam parte do imposto. O aperfeiçoamento chegou a atingir 2.880 vezes menos o tempo de encher os alambiques.

Teorias da repercussão e a política financeira - Se as teorias da repercussão, absorção e outros fenômenos tributários tivessem alcançado absoluto grau de exatidão, a Política Financeira poderia orientar o legislador para aproveitar ou evitar efeitos da tributação relativamente aos diferentes grupos sociais ou sobre o nível de preços e outros problemas. Esse grau de segurança, sustenta A. Baleeiro, ainda não existe para todos os impostos em todos os casos.

6. Crédito público

6.1. DEFINIÇÃO

O crédito particular consiste na utilização de bens por um certo tempo com uma posterior devolução com juros. O crédito público, o Estado toma riquezas emprestadas de particulares ou de outras organizações, por um certo tempo com posterior devolução com juros.

Veiga Filho define o crédito público como:

"A faculdade que tem o Estado de utilizar capitais alheios mediante promessa de reembolso".

Dessa definição, ressaltam-se dois aspectos:

a) O aspecto subjetivo quanto ao Estado é a faculdade de utilizar capitais alheios quando precisar.

b) O aspecto objetivo quanto particular é a confiança que o mesmo tem de fazer o empréstimo ao Estado.

Este aspecto divide-se em três momentos: entrega dos capitais ao Estado; devolução do empréstimo; o prazo - o momento que vai desde a entrega do capital até a devolução.

6.2. DISTINÇÃO ENTRE CRÉDITO PÚBLICO E CRÉDITO PARTICULAR

a) *Elasticidade* - O crédito público é mais elástico do que o particular. No crédito particular, está limitado pela sua renda e pelo seu patrimônio.

O Estado tem como limite a capacidade contributiva da nação.

b) *Duração* - Geralmente o crédito público é mais longo do que o particular.

c) *A garantia* - No crédito particular, depende do patrimônio ou da sua renda. No crédito público, a garantia é subjetiva, repousa na confiança de que goza o Estado, i.é, na certeza de que o Estado pagará as suas dívidas, que será pontual.

d) *A necessidade* - Alguns autores apontam essa distinção, contudo é a menos importante. Repousa que em certos casos (como a guerra) a necessidade do Estado é mais premente do que a do particular.

6.3. É JUSTO QUE O ESTADO TRANSFIRA O ÔNUS DA SUA DÍVIDA PARA GERAÇÕES FUTURAS?

Quem primeiro respondeu a esta pergunta foi David Ricardo, e fez o seguinte raciocínio:

"O Estado, para realizar uma obra, tem duas opções: aumentar o imposto, ou se servir do crédito público.

No primeiro caso o Estado aumenta o imposto e o patrimônio de "A" que é de R$ 100,00; ao sofrer a tributação hipotética de R$ 10,00, "B", que será herdeiro de "A", recebe como herança o patrimônio no valor de R$ 90,00.

No segundo caso, "B" recebe o patrimônio no valor R$ 100,00, mas o Estado aumenta ou institui um imposto no valor R$ 10,00, e o patrimônio de "B" valerá R$ 90,00.

"B" recebe o mesmo nos dois casos, portanto, é indiferente para futura geração que o Estado transfira a dívida ou aumente o imposto".

Os financistas modernos responderam a esta pergunta baseando-se na produtividade da obra estatal. Se a obra é produtiva e as gerações futuras se beneficiarem com a obra, será justa a sua transferência para gerações futuras, contrariamente, a transferência será injusta.

6.4. EMPRÉSTIMO PÚBLICO COMO PROCESSO FINANCEIRO

Os empréstimos públicos são simples entradas de caixa ou ingressos, porque não criam novos valores positivos para o patrimônio público: a cada soma que o ativo do Tesouro recebe, a título de empréstimo, corresponde um lançamento, no passivo, contrabalançando-o. Não se incluem, pois, os empréstimos entre as receitas, ou, quando muito, são receitas impropriamente ditas.

Como processo financeiro, o crédito público consiste numa série de métodos pelos quais o Estado obtém dinheiro sob obrigação jurídica de pagar juros por todo o tempo durante o qual retenha os capitais, que se entendem passíveis de restituição em prazo certo, ou indefinido, a critério do devedor.

Em sua forma pura e original, o crédito público assenta em negócios jurídicos do tipo do contrato, quaisquer que sejam as peculiaridades desse ato quanto dele participa contraente privilegiado e poderoso, como é o Estado.

Financeiramente, o crédito público, como os demais processos do drenamento de dinheiro para os cofres estatais, opera uma repartição de sacrifícios e uma redistribuição da renda nacional entre os diversos grupos da coletividade politicamente organizada.

6.5. O CRÉDITO PÚBLICO COMO PROCESSO DE ENCARGOS NO TEMPO

Uma velha concepção, geralmente aceita, a ponto de tornar-se popular, quer que os empréstimos públicos sejam a técnica pela qual as gerações futuras partilham de despesas da atualidade. Os financistas, que comungam dessa opinião, classificam, então, o crédito público como processo de repartição de encargos governamentais no tempo, em contraste com a tributação, que divide os mesmos gravames apenas entre indivíduos e classes do presente.

6.6. LIMITES DA DÍVIDA PÚBLICA

Pergunta-se até que ponto o Estado pode contrair dívidas.

Os autores estimam - arbitrariamente, sem dúvida - que o crédito não deve exceder de uma vez e meia a renda nacional.

Como são emitidos os títulos da dívida pública: nominativos e ao portador.

6.7. DEFINIÇÃO DE EMPRÉSTIMO PÚBLICO

É o poder do Estado, a faculdade de utilizar capitais alheios, mediante promessa de reembolso.

O empréstimo público é a concretização do crédito público, é a realização no mundo fáctico da faculdade de satisfazer necessidades públicas.

6.8. NATUREZA JURÍDICA DOS EMPRÉSTIMOS PÚBLICOS

a) *O empréstimo público tem uma natureza jurídica de contrato* (acordo de vontades).

E esse contrato seria de *adesão* (as condições do contrato são estipuladas unilateralmente por uma das partes, o primeiro contratante elabora as condições, e o

2º contratante se limita simplesmente em aceitá-las, ex.: contrato de seguros, de loteamentos de terrenos), o segundo recebe as apólices da dívida do Estado. As normas do contrato são de Direito Público (cogentes) porque os fins do contrato são de interesse público.

b) *Grupos de opiniões*

O empréstimo do Estado é um contrato mútuo de dinheiro da mesma natureza dos contratos semelhantes que os particulares celebram entre si. Em conseqüência, obedece às mesmas regras do Direito Civil para os contratos de mútuo, que não pode ser modificado unilateralmente por qualquer das partes.

O empréstimo público é contrato sob condição simplesmente subentendida pelo devedor: este poderá suspender as obrigações assumidas se circunstâncias excepcionais, a seu critério, o impossibilitarem de cumpri-las.

O empréstimo público é ato de soberania, de sorte que, contraído por efeito de uma lei, pode ser modificado unilateralmente por outra lei.

O empréstimo público é contrato de direito público incondível com os contratos de direito privado.

6.9. CLASSIFICAÇÃO DOS EMPRÉSTIMOS PÚBLICOS

6.9.1. Quanto ao local de lançamento

a) *Interno* - São lançados e subscritos dentro do próprio país. Os títulos são emitidos em moeda nacional. E a subscrição desses títulos pode ser feita pelos nacionais e pelos estrangeiros domiciliados no país. Esse empréstimo dá origem à dívida pública interna.

b) *Externo* - São lançados no exterior em moeda do país onde ocorre o lançamento.

c) *Qual o mais conveniente?* Jèze diz que os países em desenvolvimento, a falta de capital fará os juros mais alto, tornando o empréstimo externo mais conveniente. Já nos países desenvolvidos, onde há abundância de capital, será mais conveniente o empréstimo interno.

6.9.2. Quanto ao modo de lançamento

a) *Forçados ou Compulsórios* - São aqueles em que o Estado lança os títulos obrigando o particular a subscrevê-los, segundo Baleeiro, são sujeitos à sonegação.

A posição da doutrina brasileira é a de que esses empréstimos não se constituem em empréstimos, e sim em tributos. Essa posição é apoiada pela Constituição Federal, art. 18, § 3º.

No entanto, o STF, em 1963, decidiu o contrário, que esse empréstimo compulsório se revestia da forma de empréstimo porque era um contrato. Essa decisão já se encontra sumulada.

Baleeiro distingue duas hipóteses de empréstimos compulsórios:

A primeira - o Estado, pura e simplesmente, decreta que quem estiver em certas condições características dum fato gerador de imposto é obrigado a entregar-lhe tal soma que será restituída ao cabo de tantos anos com juros ou sem eles; nessa hipótese, a operação é um imposto com promessa unilateral de devolução;

A segunda - o Estado acena ao contribuinte com a possibilidade de isentar-se de certo imposto se lhe emprestar quantia maior. Nessa hipótese, o contribuinte aceitou uma opção oferecida pela lei: pagou mais na esperança do juro ou da restituição. Ele poderia ter preferido quitar-se do imposto desde logo, por quantia menor, renunciando a devolução ou ao juro. A análise revela que a lei atraiu o contribuinte com um contrato de adesão. Em conseqüência, existe um direito subjetivo de quem subscreveu o empréstimo, embora sob a alternativa do imposto.

b) *Voluntário* - Não há coação sobre o particular. O capitalista entrega seu capital porque julga vantajoso para si. É o verdadeiro contrato de empréstimo público.

c) *Patriótico* - Normalmente são lançados em tempo de guerra, o Estado ao lançar o empréstimo faz um apelo aos nacionais. Baleeiro chama esse empréstimo de chantagem cívica.

Características dos três tipos de empréstimos quanto ao lançamento:
Compulsórios ou forçados = coação
Voluntários = interesse
Patriótico = sentimento

6.9.3. Quanto ao prazo

a) *Perpétuos* - São os empréstimos que não têm prazo estipulado para o pagamento do capital. O Estado tem a obrigação de pagar o juro. Esse tipo de empréstimo desapareceu por completo.

b) *Transitórios ou Temporários* - São aqueles que têm prazo de devolução previamente fixados, subdividem:

Empréstimos a curto prazo - até um ano, dão origem à dívida pública flutuante;

Empréstimos a longo prazo - de um a 90 anos dão origem à dívida pública fundada ou consolidada.

6.9.4. Quanto à relação entre o valor nominal do título e o valor real de lançamento

a) *Ao par* - valor nominal = valor real
b) *Abaixo do par* - valor real < valor nominal
Valor nominal é valor da emissão do título
Valor real: em certos casos, o Estado pode baixar o valor do título ao lançá-lo, esse valor de lançamento é o valor real.

6.10. DEFINIÇÃO DE DÍVIDA PÚBLICA

A dívida pública é a concretização do empréstimo público. A maioria dos autores a define como:
O conjunto de todos os compromissos pecuniários assumidos pelo Estado em decorrência da sua atividade administrativa e financeira.

Alguns autores levantaram a hipótese de que a dívida pública decorria não só da atividade financeira do Estado, mas também da administração pública.

6.11. CLASSIFICAÇÃO DE DÍVIDA PÚBLICA

a) *Dívida Pública Flutuante*. Decorre do Empréstimo Público a curto prazo, de um modo geral é resgatada dentro do mesmo exercício financeiro no qual é contraída.

Ela pode ser contraída: a) para cobrir o déficit da tesouraria; b) porque as receitas só ingressam no Tesouro em época posterior à necessidade de realização de despesas prementes ou com vencimentos em data fixada na lei.

Neste último caso, temos o crédito por antecipação de receitas. A dívida flutuante será uma espécie de antecipação de receita.

Se as circunstâncias não facilitam ou não recomendam o equilíbrio orçamentário, a dívida flutuante oriunda do déficit converter-se-á em dívida fundada.

A Lei nº 4.320, no art. 92, diz o que constitui os restos a pagar da dívida pública flutuante.

b) *Dívida pública consolidada ou fundada*. Caracteriza-se por sua estabilidade. Não varia ao sabor da cadência das receitas e despesas. Decorre dos empréstimos públicos a longo prazo que são contraídos com o fim de atender déficits orçamentários ou para realizar uma obra pública, ou ainda para prestar serviço (art. 98 da

Lei nº 4.320) público. Subdivide-se em: Perpétua - Não tem prazo certo para resgate, não existe mais (ver Baleeiro, pág. 492); Amortizável - A lei prevê o resgate de um a 90 anos (ver Baleeiro, pág. 493).

6.12. COMO SÃO EMITIDOS OS TÍTULOS DA DÍVIDA PÚBLICA

a) *Nominativos*. Trazem o nome do credor. Têm a vantagem da segurança oferecida. A desvantagem é a negociação mais formal.

b) *Ao Portador*. Não têm o nome do credor. A posse induz o domínio. Têm menos segurança. São mais negociáveis pela facilidade apresentada.

7. Orçamento público

7.1. DEFINIÇÕES

Escola liberal. Para essa escola, o orçamento consistia na fixação de despesas e estimativas das receitas que serão orçamentadas em determinado período financeiro.
Jèze. O orçamento seria um verdadeiro plano de governo (no entanto a idéia não vige, dado que planos têm sempre maior duração). Modernamente, considera-se um programa de governo para o período orçado, caracteriza inclusive a cor partidária do governo.
Do autor. É o programa no qual se enumeram, avaliam e comparam as despesas e as receitas públicas autorizadas pelo Poder Legislativo, para um determinado período financeiro.

7.1.1. Natureza jurídica do orçamento

A Lei nº 4.320 e a Constituição se referem sempre à *Lei Orçamentária*, portanto *o orçamento é uma lei*.
O orçamento é *uma lei formal*, não substancial, não cria, não modifica, nem extingue direitos (ver em A. Baleeiro - Natureza jurídica do orçamento).

7.1.2. Aspecto técnico do orçamento

De um modo geral, obedecem a certas condições que visam ao sucesso da aplicação da atividade financeira do Estado.

7.2. PRINCÍPIOS FUNDAMENTAIS DO ORÇAMENTO

a) *Anulidade (periodicidade)* - Por esse princípio, o orçamento deve ser anual (art. 60 da CF e art. 2º da Lei nº 4.320). Quanto maior o tempo, maior a possibilidade de erro. No Brasil, o período do orçamento coincide com o ano civil, porém não há necessidade dessa coincidência;

b) *Unidade* - Deve ser uno o orçamento, num só documento, não deve haver orçamento para despesa, outro para a receita (art. 2º da Lei nº 4.320). A aplicação desse princípio apresenta duas vantagens: apresenta visão global do orçamento; facilita a fiscalização, o controle;

c) *Universalidade* - De acordo também com o art. 2º da Lei nº 4.320, significa que todas as despesas a serem realizadas e receitas a serem arrecadadas devem figurar no orçamento. Vantagem: facilita a organização, evita o desvio da receita (porque consta também a despesa);

d) *Sinceridade* - As despesas devem ser fixas, e as receitas devem ser estimadas com realismo, com honestidade, o mais próximo da arrecadação e mais próximos dos dispêndios;

e) *Equilíbrio* - A igualdade numérica entre a receita e a despesa foi até o começo do século, índice de boa administração, esta noção, na época atual, foi abandonada, prefere-se atualmente *o equilíbrio econômico*, podendo em alguns períodos ocorrer déficit, noutros, superávit. O equilíbrio orçamentário é fator de controle da inflação (esse princípio não figura na Constituição de 1969, surgiu noutras Constituições);

f) *Discriminação da despesa* - Deve-se fazer a maior discriminação na fixação da despesa. Não se admite a presunção de verbas globais. Isto evita o desvio de verbas - art. 5º da Lei nº 4.320;

g) *Não-especificação da receita* - As arrecadações devem ser dirigidas a uma caixa única do Tesouro Nacional. Não se deve destinar a arrecadação a um fim específico de despesa. Quando o Estado destina o fim para o tributo, temos o Imposto com o fim, a nossa Constituição proíbe esse tributo;

h) *Proibição do estorno de verbas* - O Poder Executivo não pode transferir a aplicação de verbas de uma finalidade para outra sem autorização legislativa (CF art. 61, § 1º, item *a*);

i) *Publicidade* - É decorrente do moderno Estado de Direito. Onde a atividade do Estado deve ser trazida ao conhecimento do povo. O orçamento deve ser publicado;

j) *Coerência* - Esse princípio se encontra no art. 2º da Lei nº 4.320.

7.3. ELABORAÇÃO DO ORÇAMENTO

A elaboração do orçamento, no Brasil, sempre coube ao Executivo desde a Constituição de 1824, e foi mantida essa norma em todas as demais constituições. Cabia ao Ministro da Fazenda, que era parte do Executivo, a elaboração do orçamento. Em 1967, essa praxe foi alterada pelo Decreto-Lei nº 200, de 27.02.67, o qual atribuiu a elaboração do orçamento ao *Ministério do Planejamento* (Gabinete Orçamentário).

A elaboração do orçamento é feita dentro de condições fixadas em Lei Financeira. Consiste na fixação da despesa do exercício futuro e estimação da receita.

7.3.1. Fixação da despesa

Todos os órgãos integrantes da administração federal elaboram propostas de obras que irão realizar no próximo exercício. Estas serão remetidas ao Ministério do Planejamento, onde serão coordenadas todas as propostas recebidas (Lei nº 4.320, arts. 27 a 28).

7.3.2. Estimativa da receita

a) *Sistema automático* - por esse sistema adota-se como estimativa de receita o montante efetivamente arrecadado no último exercício já encerrado.

b) *Sistema de Previsão* - consiste em ser tomar para o próximo exercício as receitas arrecadadas nos três últimos exercícios encerrados, somadas as três e divididas por três, se obterá a receita futura.

c) *Sistema de coeficientes ou misto* - Toma-se como primeiro dado a receita efetivamente arrecadada do último exercício; esse será o dado "a"; o segundo dado são as três últimas receitas arrecadadas, somadas e divididas por três; este será o dado "b", e pela comparação de "a" com "b" teremos "c". Realizando o levantamento da conjuntura econômico-financeira que atravessa o país, verificando o comportamento das fontes fornecedoras de receitas se obtêm índices e coeficientes e aplicados o dado "c", corrigindo mais vezes esse dado se obtém o último que é "d". O dado "d" é a receita. Esse sistema é o adotado pelo Brasil, atualmente regulado pelos arts. 29 e 30 da Lei nº 4.320.

d) *Sistema de puro e simples levantamento da situação* - Não é seguido por nenhum país.

Após a elaboração, o projeto (o art. 22 da Lei nº 4.320 dá todos os requisitos do projeto enviado pelo Presidente ao Congresso) é remetido ao Presidente, e este envia ao Congresso para aprovação.

7.4. APROVAÇÃO E EXECUÇÃO DO ORÇAMENTO

O Senado e a Câmara discutem e emitem parecer técnico sobre o projeto apresentado. Após, vai ao Plenário, onde é discutido e votado. Até 30 de novembro, deve estar concluído o projeto, caso contrário o Presidente o sanciona como está. Após a aprovação, o projeto volta ao Presidente, que o sanciona, promulga e o publica. O Presidente pode vetar parte do projeto, o qual, então, volta ao Congresso.

Aprovado o orçamento, é transformado em Lei e, no dia 1º de janeiro do próximo ano ele começa a ser executado. A execução consiste na realização das despesas fixadas e na arrecadação das receitas planejadas. A realização é feita baseada na Lei nº 4.320, arts. 51 a 57 = Receita; arts. 58 a 70 = Despesa.

Normalmente na execução do orçamento surgem situações que não foram previstas pelo Executivo, mas têm que ser executadas. Aí o Executivo tem de lançar mão de execução orçamentária prevista nos arts. 40 a 46 da Lei nº 4.320 (são os chamados critérios adicionais).

7.4.1. Crédito suplementar

Destina-se a reforçar verba orçamentária insuficiente. Sua abertura depende de prévia autorização do Legislativo. O Poder Executivo indica a fonte do capital, só após o executivo abre o crédito.

7.4.2. Crédito especial

Destina-se a socorrer despesas não previstas no orçamento. Ex.: uma ponte que cai. Depende também de prévia autorização do Legislativo e indicação da fonte pelo Executivo.

7.4.3. Crédito extraordinário

É aberto para enfrentar despesas de guerra, calamidade pública, subversão interna. Este crédito não precisa de prévia autorização do Legislativo e da indicação dos recursos. O Presidente abre o crédito por decreto; o pedido de autorização é posterior.

O crédito suplementar só pode vigorar num exercício. Os créditos especiais e extraordinários poderão vigorar por mais de um exercício, se forem abertos quatro meses antes de encerrar o último exercício.

7.5. FISCALIZAÇÃO DO ORÇAMENTO
LEI Nº 4.320, ARTS. 75 A 82, E CF

a) *Controle Interno* - Realizado dentro da Administração concomitante com o próprio orçamento.

b) *Controle Externo* - É realizado por órgãos fora da Administração - são o Legislativo e o Tribunal de Contas. O Legislativo fiscaliza através da prestação de contas do Executivo.

Parte II

DIREITO TRIBUTÁRIO

1. Parte geral do Direito Tributário

1.1. DEFINIÇÃO

Direito Fiscal ou Direito Tributário? No Brasil, as duas denominações são sinônimas. Entre nós, por influência dos juristas italianos e alemães, usa-se Direito Tributário.

O Direito Tributário é ramo do Direito Financeiro e preocupa-se com a 1ª fase da atividade financeira do Estado - a obtenção de recursos.

Já agora é ramo autônomo do Direito Público. É portanto "o ramo do Direito Público que disciplina juridicamente as relações entre o Estado e particular, decorrentes da atividade financeira do Estado, no que concerne a obtenção de receitas tributárias.

1.2. AUTONOMIA E PRINCÍPIOS

Quanto à autonomia, há que se considerar que em todas as Universidades há a cadeira de Direito Tributário. Do ponto de vista legislativo é óbvia a sua autonomia.

O problema da autonomia vincula-se ao aspecto científico-jurídico.

Autonomia dogmática: conceitos e princípios próprios;

Autonomia estrutural: institutos diferentes dos demais ramos do Direito.

Os princípios dividem-se em *legalidade* e *generalidade*.

1.3. NATUREZA

a) É um ramo do Direito Público.
b) É um Direito *patrimonial* (= relação jurídica cujo objeto é de caráter patrimonial). A obrigação principal é o pagamento do tributo.
c) É um Direito *obrigacional*, portanto oponível somente aos integrantes da relação jurídica caracteriza-se pela figura da obrigação tributária.
Direitos pessoais dizem mais de perto ao sujeito, são oponíveis contra todos. Ex.: Direito à vida.
- *Direitos Reais*, regem relações jurídicas que envolvem um sujeito e uma coisa. Ex.: Direito de propriedade. Este direito é também oponível perante todos.
- *Direito Obrigacional*, é uma relação jurídica entre duas ou mais pessoas e tem por objeto uma relação patrimonial. Só é oponível aos integrantes dessa relação jurídica. O Direito extingue-se quando cumprida a obrigação, o direito exaure-se. Vê-se aí a diferença entre os dois primeiros (direitos pessoais e reais) e o último (direito obrigacional), quando os primeiros são contínuos, duradouros, permanentes, não se extinguem com o exercício.

1.4. FONTES

Por ser o Direito Tributário um direito *legalista*, as suas fontes são sempre normas de Direito positivo, e se dividem em:
a) *Fontes principais* - A *Lei* (Constituição = traça as linhas do Direito Tributário; Leis Complementares = servem para complementar dispositivos constitucionais, ao seu lado temos os Atos complementares; Leis Ordinárias = Federais, Estaduais, Municipais; Decretos-Leis = distinguem-se quanto à origem; vêm do Executivo; Decretos = normas de origem executiva, regulamenta a Lei,

tem como próprio âmbito a Lei) *Convenções* e *Tratados internacionais* (funcionam como se fossem leis internas, revogam as leis internas anteriores, e não podem ser contrariados por lei posterior).

b) *Fontes secundárias* - 1) *Atos Administrativos*, baixados por autoridades para disciplinarem a atuação de seus funcionários ou daqueles que estão sujeitos às normas tributárias são: Circulares; Instruções; Portarias; Ordens de Serviço; Avisos; Resoluções; Instruções Normativas; Comunicados. 2) *Convênios*.

c) *Fontes primárias e secundárias* (arts. 96 a 100 do CTN).

A jurisprudência dos Tribunais Administrativos e as convenções entre estados denominadas *normas complementares*.

1.5. VIGÊNCIA

O Direito Tributário constitui direito *comum*, não especial, a sua vigência é igual às outras leis, arts. 101 a 104 CTN.

A lei tributária se aplica para o futuro, de regra não retroage, a retroatividade da lei tributária só ocorre para beneficiar o contribuinte - arts. 105 e 106 do CTN.

1.6. INTERPRETAÇÃO DA LEI TRIBUTÁRIA

Na interpretação da lei tributária, deve-se observar segundo o Prof. Gomes de Sousa, dois aspectos:

a) Toda norma jurídica faz parte de um sistema jurídico, não existe por si só e deve ser interpretada dentro do sistema.

b) Deve-se recordar que a Lei Tributária é duradoura, não-especial deve se adaptar a todas as situações futuras.

De um modo geral, a interpretação da Lei Tributária deve atender ao fim a que ela visa, por isso valem todos os métodos, é chamada interpretação teleológica.

Existem situações raras que estão previstas nos arts. 107 a 112 do CTN.

2. Obrigação tributária

2.1. DEFINIÇÃO

É o poder jurídico pelo qual uma pessoa pode exigir de outra uma prestação positiva ou negativa, devido às circunstâncias as quais o direito atribui esse efeito.

2.2. ESPÉCIES (Art. 113 do CTN)

a) *Obrigação Tributária Principal.* Tem por objeto o pagamento de um tributo, ou penalidade pecuniária.

b) *Obrigação Tributária Acessória.* Tem por objeto uma ação ou omissão prevista na lei para assegurar o cumprimento da obrigação tributária principal, ou facilitar a fiscalização tributária. Ex.: o contribuinte é obrigado a fazer anualmente a sua declaração de bens e rendimentos.

O não-cumprimento desse obrigação poderá incorrer na imposição de uma penalidade pecuniária, tornando então, a obrigação acessória, automaticamente, numa obrigação.

2.3. NATUREZA JURÍDICA

A Natureza Jurídica da Obrigação Tributária é uma relação jurídica subjetiva, sob os seguintes aspectos:

a) É uma relação jurídica que pertence ao Direito Tributário, portanto pertence ao Direito Público.

b) Jèze diz que uma relação jurídica subjetiva é aqueles poderes que a lei atribui a uma pessoa, a qual pode usá-los como direito adquirido. Jèze todavia ressalva que o sujeito fica condicionado ao que ficou estabelecido na obrigação. Tratando-se de obrigação tributária, esta será estabelecida dentro da lei tributária, e esse efeito pode ser oposto pelo indivíduo contra o Estado.

2.4. FONTES

São os atos e fatos dos quais emanam para o Estado o direito de exigir o cumprimento da obrigação tributária e para o particular o dever de cumpri-la.

Segundo o Prof. Rubens Gomes de Sousa, as fontes são três:

a) *A Lei Tributária* (fase de soberania). A lei é a principal fonte. Não há tributo sem lei que o institua, e não há obrigação sem tributo.

b) *Fato gerador* (fase objetiva). O fato gerador é *índice* de capacidade contributiva, com a ocorrência do fato gerador, o Estado adquire o direito de exigir, e o particular tem o dever de cumprir. Nesta fase não surge ainda a exigibilidade.

Características do fato gerador: A definição legal do fato gerador não depende da validade jurídica dos atos que o integram. Ex.: se "A" vende para "B" um imóvel e "B" paga o imposto de transmissão, e depois fica sabendo que "A" não era proprietário e conseqüentemente não podia vender, o imposto está bem pago e não poderá ser devolvido.

Há duas espécies do fato gerador: *Fato Gerador da Obrigação Tributária Principal* é aquela situação prevista na lei, necessária e suficiente para o nascimento da obrigação tributária; e *Fato Gerador da Obrigação Tributária Acessória* é toda ação ou omissão fixada na lei que não constitua obrigação tributária principal.

O fato gerador serve para distinguir três conceitos: *há incidência* - quando ocorre o fato gerador; *não há incidência* - quando não ocorre o fato gerador; *há isenção* - quando ocorre o fato gerador, entretanto, a lei por razões de ordem pública, econômica, social, dispensa o sujeito passivo do pagamento do tributo.

c) *Lançamento*. O lançamento é uma atividade administrativa que tem por fim verificar a ocorrência do fato gerador, calcular o montante do tributo e identificar o sujeito passivo, é pelo lançamento que se individualiza a obrigação tributária (este último é o principal efeito do lançamento) tornando-a exigível. O lançamento é fase subjetiva.

2.5. ELEMENTOS

2.5.1. Primeiro Elemento

O primeiro elemento da obrigação tributária (Sujeito Ativo) é o Estado.

Existem controvérsias, e até o advento do CTN se discutia na doutrina se as pessoas de direito público não dotadas de poder legislativo, poderiam ser Sujeito Ativo da obrigação tributária. Muitos autores não admitiam que as Autarquias pudessem ser Sujeito Ativo da obrigação tributária. Outra corrente (Becker) defendia a tese da dicotomia do poder de tributar, o qual constituía-se de duas competências diferentes: uma competência para arrecadar, outra para tributar (= criar o tributo); a competência para arrecadar podia ser delegada. Esta última corrente foi adotada pelo CTN - Art. 119.

2.5.2. Segundo Elemento

O segundo elemento da obrigação tributária. (Sujeito Passivo) é aquele que a lei determina para pagar o tributo (é o sujeito de direito). A lei não cogita do contribuinte de fato. Por definição, dizemos que o sujeito passivo é o particular. Porém a Constituição não impede que as entidades jurídicas de direito público sejam sujeito passivo da obrigação tributária.

2.5.2.1. Espécies de sujeito passivo

a) Sujeito passivo da obrigação tributária principal é aquele que está sujeito a pagar o tributo da obrigação principal.

b) Sujeito passivo da obrigação tributária acessória é aquele que está sujeito a ação ou omissão, objeto da obrigação tributária acessória.

2.5.2.2. Ressalva do CTN quanto ao sujeito passivo

As convenções do sujeito passivo com terceiros relativamente ao pagamento da obrigação tributária não valerão contra o Fisco.

2.5.2.3. Divisão do sujeito passivo

a) *Contribuinte* - Está obrigado ao pagamento do tributo e tem uma relação direta com uma situação definida na lei como fato gerador. Ex.: Imposto Predial. A existência de um prédio urbano faz de seu proprietário o contribuinte.

b) *Responsável* - é aquele que, embora não tendo relação direta ao fato gerador, ainda assim pela lei é obrigado a pagar o tributo.

2.5.2.4. Domicílio tributário do sujeito passivo

É local de satisfação das obrigações tributárias. O sujeito passivo pode escolher esse domicílio para o pagamento do tributo, se não o faz, coincide com o seu domicílio civil. Isso se tratando de pessoa física. Quando for pessoa jurídica, o domicílio será na sede do estabelecimento. Se tiver mais que um estabelecimento, será o local desses estabelecimentos para os atos praticados naqueles estabelecimentos.

Em casos excepcionais, o CTN art. 127, traça as normas.

2.5.2.5. *Capacidade tributária do sujeito passivo*

Não depende da capacidade civil, se o sujeito passivo for pessoa física. Logo, menores, interditos, pródigos, etc., podem ser sujeitos passivos de obrigação tributária.

O que importa para caracterizar a capacidade tributária são os pressupostos previstos como fato gerador.

Quanto as pessoas jurídicas, a capacidade tributária não depende de sua regularidade, atingirá inclusive as sociedades de fato, art. 126, III do CTN.

2.5.2.6. *Responsabilidade tributária do sujeito passivo*

O CTN reconhece três tipos:

a) *Responsável por solidariedade* - Ocorre em duas hipóteses: quando, além de contribuinte, outra pessoa tem relação direta com o fato gerador; ou quando a lei expressamente determinar essa solidariedade. Ex.: prédio que tem mais de um proprietário.

b) *Responsável por sucessão* - Quando o contribuinte morre, surge um terceiro que passa a responder pela obrigação. No caso de pessoa física, esse fato só se dá pela morte do contribuinte, e o cumprimento das obrigações do falecido, caberá ao inventariante, à meeira e aos herdeiros, proporcionalmente ao que cada um recebe da fração da herança. No caso de pessoa jurídica que se extingua dentro da formas previstas na lei, a esfera sucessora responde pelas obrigações tributária da sociedade extinta. Ex.: quem adquirir um prédio sabendo dos tributos passados, será responsável por essas dívidas, porque o imposto predial segue o imóvel. O mesmo se dá em relação às pessoas jurídicas. (Arts. 129 a 133 do CTN).

c) *Responsabilidade de terceiros* - Nos casos em que é impossível exigir que obrigação seja exigida do contribuinte, a lei estipula um terceiro para pagar, ex.: pai responde pelos tributos devidos pelos filhos; Síndico que é responsável pelos tributos devidos pela massa falida; Tabelião que lavra a escritura de transferência do imóvel, sem exigir o prévio pagamento do imposto, torna-se responsável.

Nossa doutrina diz que o sujeito passivo direto é aquele obrigado a pagar o tributo em virtude da vinculação direta com o fato gerador.

Não é esta a definição do CTN - Sujeito passivo indireto pode ser por transferência ou por substituição. Ele tem de pagar embora não tenha vinculação direta com o fato gerador.

A sujeição passiva indireta se dá quando tendo nascido a obrigação esta se transfere para um terceiro. As hipóteses de transferência são as do CTN, ou seja: solidariedade, sucessão, responsabilidade de terceiros.

A segunda espécie de sujeição passiva indireta é a substituição que já nasce com obrigação tributária, contra terceiros não havendo fato superveniente que transfira a obrigação. Ex.: Recolhimento de imposto de renda na fonte, cabe desde logo ao empregador.

2.5.3. Terceiro elemento

O terceiro elemento da obrigação tributária (*objeto*) é a prestação positiva ou negativa exigida pelo Fisco e cumprida pelo particular.

Dividem-se em duas obrigações tributárias:

a) *Principal* - cujo objeto é sempre o pagamento do tributo ou da penalidade pecuniária.

b) *Acessória* - cujo objeto é toda prestação positiva ou negativa exigida pela lei que não seja o pagamento do tributo e da penalidade pecuniária.

O objeto da obrigação tributária principal é idêntica em todas as leis tributárias.

O objeto da obrigação tributária acessória é distinto entre as diversas leis tributárias. Atende as peculiaridades da lei, e aquilo que é necessário para o pagamento do tributo.

2.5.4. Quarto elemento

O quarto elemento da obrigação tributária (*causa*), esta é a *Lei*. Mas para se chegar a tal dedução não foi tão simples, houve controvérsias, há autores que não admitem a inclusão da causa na obrigação tributária. Dizem que a causa é de Direito Civil e que não precisa existir esta para o Estado exigir o cumprimento da obrigação.

Porém a grande maioria dos autores diz que a causa é necessária e a definem como sendo *o poder jurídico que tem o Estado de exigir o cumprimento da obrigação tributária*.

Admitindo a causa, podemos dizer que a obrigação é *ex lege*, ou seja, deriva da lei.

As obrigações em direito civil podem ter como causa o contrato, o ato ilícito e a lei.

Teoria Contratual - Bastiat - franceses. Os autores franceses elaboraram outra doutrina sobre a causa da obrigação tributária, dizendo que esta seria a prestação de serviços pelo Estado e por isso o Estado exigia o tributo.

Teoria de Griziotti - Esta teoria foi elaborada em fins do séc. XIX e dizia que a causa da obrigação tributária era a capacidade contributiva do cidadão, decorrente de uma capacidade econômica obtida graças à colaboração do Estado. Se o Estado em nada colaborasse para essa capacidade econômica, não poderia exigir o tributo.

Teoria de Tesoro - Em 1920, a Teoria de Griziotti foi refundida por outros. Afirmou-se que a capacidade contributiva era uma simples presunção legal. Se o cidadão pudesse ser enquadrado dentro de certa situação prevista na lei, haveria a capacidade contributiva. Daí que o poder de exigir o cumprimento da obrigação deriva da lei.

Teoria Atual - A corrente mais forte admite que a lei tributária é causa da obrigação tributária.

Fundamentação ética para exigir o cumprimento da obrigação tributária. Segundo Geraldo Ataliba, existem duas causas:

a) *Causa Mediata* - é o fundamento moral, ético, pelo qual o Estado pode exigir. É a própria existência do Estado que ainda não descobriu algo melhor para arrecadar impostos.

b) *Causa Imediata* - é a fundamentação jurídica, é a lei.

Já o Prof. Florenzano chama de Causa Mediata a *Causa Final*, porque é o que justifica a cobrança do imposto. A Causa Imediata ele chama de *Causa eficiente*, que é a lei tributária que dá ao Estado o poder de exigir do particular o tributo.

3. Crédito tributário

3.1. CARACTERÍSTICAS

Diz o CTN que o Crédito Tributário decorre da obrigação tributária principal e tem a mesma natureza dela.
É a concretização da obrigação tributária, segundo alguns autores.
Pode ser considerado como uma obrigação tributária no estado ativo.
O Crédito Tributário é aquilo que o Estado pode exigir do sujeito passivo (aquela soma ou montante).
O principal efeito do Crédito Tributário é *tornar exigível a obrigação tributária*.
Há no Crédito Tributário e na Obrigação Tributária algo semelhante ao que ocorre no crédito e empréstimo público.
O Crédito Tributário constitui-se pelo lançamento.

3.2. LANÇAMENTO

É o ato ou uma série de atos administrativos, vinculados e obrigatórios, tendentes a verificar a ocorrência do fato gerador, ao efetuar sua valoração qualitativa e quantitativa, e identificar o sujeito passivo, aplicar as penalidades pecuniárias se for o caso, e expedir o aviso de lançamento.

3.2.1. Elementos integrantes

Pode ser um ato ou uma série de atos. Dependendo da natureza do tributo. São atos administrativos, o lançamento é privativo da administração pública; é vinculado no sentido de que a forma do lançamento deve ser préfixada na lei, essa expressão se opõe a forma discricionária. É obrigatório, ocorrido o fato gerador o funcionário público é obrigado a fazer o lançamento, essa expressão se opõe à voluntária. A finalidade do lançamento é verificar a ocorrência do fato gerador. A valoração das características do fato gerador é a valoração qualitativa (= a natureza da matéria tributada) depois se passa à valoração quantitativa (1ª fase: atribuir o valor pecuniário - da matéria tributada; 2ª fase: calcular o montante do tributo devido); essa valoração pode ser simples ou complexa calculado o montante, identifica-se o contribuinte (geralmente é feito pelo próprio contribuinte) se for o caso, após a identificação do sujeito passivo, aplica-se a penalidade pecuniária finalmente expede-se o aviso de lançamento, i.é, convida-se o contribuinte a comparecer para pagar o tributo.

3.2.2. Funções do lançamento

O lançamento tem duas funções: a que constitui o Crédito Tributário e a que individualiza e torna exigível a obrigação tributária.

3.2.3. Natureza jurídica do lançamento

Os atos jurídicos constitutivos são aqueles que criam, modificam ou extinguem um direito. Os atos jurídicos declaratórios verificam a existência, a natureza, a extensão de um direito pré-constituído, não criam, não modificam e nem extinguem direitos.

O lançamento é um ato jurídico declaratório relativamente à obrigação tributária principal.

Mas em relação ao crédito tributário, o lançamento é ato jurídico constitutivo, (art. 142 do CTN).

Alguns autores, entre eles, A. Baleeiro, não aceitam essa natureza simultânea (constitutiva-declaratória) do lançamento, inclinam-se pela natureza declaratória.

O art. 144 do CTN reconhece a natureza declaratória do lançamento.

Da natureza declaratória do lançamento surgem alguns efeitos:

As condições pessoais do sujeito passivo para efeito de tributação, são aquelas existentes no momento da ocorrência do fato gerador.

Ocorrendo o fato gerador antes da morte do sujeito passivo, os sucessores irão responder pelo tributo.

3.2.4. Modalidades de lançamento

3.2.4.1. Lançamento direto

É aquele que é efetuado pela autoridade administrativa sem a colaboração de terceiros. Pode ser de três tipos:

a) *Lançamento direto com investigação real* - a autoridade administrativa apura o valor real da matéria tributável para então calcular o valor do tributo. Ex.: imposto predial.

b) *Lançamento direto por presunção* - ocorre quando é impossível calcular o valor real da matéria tributável, ou a autoridade administrativa não está aparelhada para tanto. A autoridade nesses casos mediante presunção legal atribui um valor da matéria tributável. Ex.: renda rural.

c) *Lançamento direto por indícios* (menos usado) - Calcula-se o valor da matéria tributável através de sinais exteriores. Ex.: o imposto predial na França no começo do século era cobrado pelo número de aberturas que o prédio possuía.

3.2.4.2. Lançamento por declaração

É realizado por autoridade administrativa por cooperação do sujeito passivo ou terceiros. Estes fornecem dados para fixação da matéria tributável. Ex.: imposto de renda.

3.2.4.3. Lançamento por homologação

Foi criado pelo CTN, antes era chamado de Autolançamento porém tal denominação contrariava expressamente a doutrina. Esta é uma inversão da situação. Primeiro o sujeito passivo paga o tributo, depois é que ocorre o lançamento. Ex.: ICM.

Com o lançamento por homologação, o crédito só se extingue com o lançamento, não com o pagamento. O Fisco tem cinco anos para efetuar a homologação art. 150 CTN.

3.2.5. Possibilidade de revisão do lançamento

Por provocação do sujeito passivo é sempre possível a revisão. A autoridade administrativa só pode fazer a revisão em casos previstos na lei ou quando ocorrer erro, aí, será uma revisão unilateral da administração (trata-se, aqui, de erro de fato). Quando ocorrer erro de direito, a administração não pode revisar unilateralmente.

4. Extinção da obrigação tributária*

4.1. INTRODUÇÃO: PRESSUPOSTOS ESSENCIAIS DA EXTINÇÃO DA OBRIGAÇÃO TRIBUTÁRIA

O tema da decadência tributária encontra-se indissoluvelmente ligado à temática mais abrangente da "definidade de crédito tributário. Nosso Código Tributário - CTN faz referência à constituição do crédito tributário, de forma definitiva, em vários pontos de seu alcance. A tal respeito devem ser examinados o art. 129, aplicável à responsabilidade dos sucessores, e o art. 154, que cuida da concessão de moratória. No presente quadro, o que se nos afigura como o cerne da questão está contido na letra do art. 174 do CTN que assim dispõe:

'Art. 174. A ação para a cobrança do crédito prescreve em cinco anos, contados da data da sua constituição definitiva.'

Da leitura do dispositivo legal antes referido e transcrito, infere-se ser desaconselhável discorrer a respeito da decadência e da prescrição antes de dar respostas às seguintes indagações, de importância transcendental: Em que momento o crédito tributário conquista o seu caráter definitivo? Quando se torna válido e constituído?

---
* Trabalho apresentado pelo Dr. Antonio Amaral Mendes Sobrinho ao Curso de Direito Tributário, promovido pelo Centro de Atividades Didáticas do INDIPO. Publicado na Revista de Ciência Política da Fundação Getúlio Vargas, Volume 31 - Jan/Mar. 1988.

Com o fito de responder às duas indagações formuladas e objetivando dar 'uniformidade terminológica a este trabalho, pretendemos discernir, no plano conceitual, o lançamento do correspondente crédito tributário'.

Que é lançamento? Como tal, entendemos o ato jurídico acionado, em geral, pela administração, objetivando constituir o crédito tributário. São, a nosso ver, atos inconfundíveis, vejamos: a) o procedimento constitutivo do lançamento; b) o procedimento constitutivo do crédito tributário".

Em verdade, não devemos classificar o lançamento na prática, como um ato isolado, da competência exclusiva da administração do contribuinte. Forma-se o lançamento a partir de atos sucessivos, tendo como fecho indispensável, nos procedimentos impositivos, a notificação do sujeito que se localiza no pólo passivo da relação jurídica tributária. Só depois de trilhado todo esse caminho é que se pode reputar o ato quase perfeito e acabado, podendo-se, então, aludir à inteireza, por assim dizer, do lançamento, isto é, o ato está completo, a fase constitutiva do crédito tributário completou-se. Como foi dito, a fase constitutiva, sendo, porém, preciso saber algo mais antes de passar para o terreno da exigibilidade do crédito tributário. É mister saber que se está eficazmente constituído, pois só assim se poderá falar em definitividade da eficácia que, quando emoldura o lançamento na esfera administrativa, o crédito tributário adquire sua completitude, tornando-se, aí sim, perfeitamente exigível.

Então, conquistada ou atingida a definitividade própria de sua natureza e existência jurídica, a administração está investida de título hábil que a autoriza exigir do sujeito passivo o pronto pagamento, com o fito de realizar o crédito tributário, isto é, só assim, estaremos diante do que chamamos, em direito civil, de título representativo de dívida líquida e certa, por isso mesmo, exigível.

De ressaltar que os especialistas em Direito Tributário têm desenvolvido os maiores esforços no sentido de situar no tempo o instante em que crédito tributário pode mesmo ser considerado constituído em caráter definitivo, revestido de todas as suas características essenciais, inclusive e especialmente a eficácia que lhe infunde a força da exigibilidade. Porém, como bem acentuou Zelmo Denari, isto não tem sido fácil, ao dizer, *verbis:*

"Mas este propósito, particularmente no Brasil, esbarra em grande dificuldade. Tão arraigada, entre nós, a concepção declarativista do fenômeno tributário - diante das instruções contidas nos arts. 113. § 1º, e 114 do CTN, que relacionam o nascimento da obrigação tributária com a ocorrência do fato gerador - que fica difícil discorrer o tema sem ferir preconceitos."

Segundo entendemos, é de importância mais do que capital ter em mente, como autêntica norma de conduta ao pretender interpretar a norma jurídica tributária, a lúcida advertência de Allorio:

"Se, no processo de nascimento da relação tributária e para a aquisição do tributo, o jurista reconhece, como momento necessário e insuprimível, a prática de um ato impositivo a cargo da administração, é neste ato e não na situação-base, ou seja, no fato gerador, que o jurista deve identificar o fato constitutivo da obrigação tributária."

Em verdade, crédito tributário e obrigação tributária, figurativamente falando, constituem, assim, "as duas faces de uma mesma moeda" de modo que, qualquer alusão à chamada constituição definitiva do crédito tributário, a nosso juízo, significa discorrer a respeito da correspectiva obrigação tributária. Nessa linha de pensamento, podemos dizer que, "supondo-se uma relação jurídica em que A e B ocupam, respectivamente, o pólo ativo e passivo, só há, com rigor metodológico e científico, quando a pessoa que ocupa o pólo ativo (credor) puder exigir da pessoa que ocupa o pólo passivo (devedor) o adimplemento da prestação"

É proveitoso de certo modo obrigatório dizer que só se pode falar de uma obrigação plenamente constituída, se considerarmos os dois elementos que integram a relação jurídica de caráter obrigacional, de frente para o vicejante campo do direito tributário, porque, "a verdadeira obrigação decorre de um nexo orgânico entre a relação do dever (Schuld), que supõe a existência de um *debitum*, e a relação de sujeição (Haftung), que exprime a possibilidade de realização, por iniciativa do credor". Do ponto de vista do direito tributário, é oportuno observar que, transmudando esses conhecimentos para sua órbita, é puro sofisma imaginar que o ente público credor da obrigação, apenas pelo estímulo do pressuposto de que é titular de um crédito, possa realizar seus objetivos. Ante esse pressuposto, o sujeito passivo encontra-se numa situação jurídica subjetiva correspondente à relação de débito, vez que tem apenas o dever jurídico de atender a determinada prestação de conteúdo econômico. Falta, porém, um elemento de grande magnitude, que é a relação de responsabilidade que será adicionada num momento posterior e oportuno. Só a partir desse instante em que ocorrer o somatório dos dois elementos poder-se-á asseverar que a obrigação tributária e o equivalente crédito tributário encontram-se plenamente constituídos.

Segundo os seguidores da corrente constitutivista, esse momento tem lugar nos tributos designados com imposição com a prática de ato de lançamento.

Trata-se de tese respeitável, digna, portanto, que meditemos profundamente sobre seu conteúdo, porém é preciso ir além de seus estreitos limites para, com praticidade e realismo, localizarmos no procedimento, noção extremamente mais abrangente e por isso mesmo mais atingente do que a de ato impositivo - o momento em que o crédito e a conseqüente obrigação tributária alcançam a desejável marca da definitividade.

Fixada a noção da constituição definitiva e eficaz do crédito tributário, jungindo o sujeito passivo ao ativo até o instante de sua extinção por qualquer das formas admitidas pelo direito tributário, parece ter chegado o momento de tratarmos das diferentes modalidades da extinção do crédito tributário, inclusive a prescrição e a decadência, o que faremos com a brevidade e singeleza aconselháveis pela natureza e objetivo que presidem a realização deste artigo.

4.2. EXTINÇÃO DO CRÉDITO TRIBUTÁRIO MODALIDADES DE EXTINÇÃO CONSIDERAÇÕES PRELIMINARES

A forma mais usual de satisfação da obrigação tributária é o pagamento, que importa na extinção do crédito tributário, isto é, na sua terminação. Etimologicamente, o vocábulo *extinção*, que é uma derivação latina de *extinction, extinguire*, traduz-se como terminação ou desaparecimento do crédito tributário, desde que realizado de modo adequado e completo. A extinção é matéria que, por sua relevância, foi inserida no CTN, fazendo parte do elenco daquelas compreendidas no princípio da reserva legal e é assim pela boa e relevante razão de que somente a lei pode estabelecer as diversas hipóteses de extinção do crédito tributário, bem assim as de dispensa ou de redução de penalidades aplicáveis.

Em obediência ao salutar princípio da reserva legas, as diversas modalidades de extinção do crédito tributário estão previstas no art. 156 do CTN. Assim, pois, de conformidade com a legislação em vigor, são as seguintes causas de extinção do crédito tributário: o pagamento; a compensação; a transação; a remissão; a prescrição e a decadência; a conversão de depósito em renda; o pagamento antecipado e a homologação do lançamento nos termos do disposto no art. 150 e seus parágrafos 1º e 4º; a consignação em pagamento, nos termos do disposto no parágrafo 2º do art. 164; a decisão administrativa irreformável, assim entendida a definida na órbita administrativa, que não mais possa ser objeto de ação anulatória; a decisão judicial passada em julgado.

4.2.1. Pagamento

Embora outras considerações doutrinárias possam ser feitas a respeito da extinção do crédito tributário, podemos dizer que toda obrigação, ao nascer, vem com o estigma de um dia se extinguir. O pagamento é a entrega ao sujeito ativo, pelo sujeito passivo ou por qualquer outra pessoa em seu nome, da quantia correspondente ao objeto do crédito tributário.

A cominação de qualquer penalidade independe e não ilide o pagamento integral do *quantum* correspondente ao crédito tributário. Os efeitos do pagamento de determinado crédito, constituído regularmente, são interpretados de modo restritivo, eis que tal ato não gera qualquer presunção de pagamento: a) quando parcial, das parcelas que integram o total parcelado; b) quando total, de outros créditos referentes a tributo da mesma natureza, ou não.

Pagamento portable. A legislação cível distingue os pagamentos em portable e querable. Os primeiros são efetuados pelo devedor no domicílio do credor. Os outros, inversamente, são efetuados pelo devedor no seu próprio domicílio.

Na hipótese de a legislação tributária não explicitar o local de pagamento, este deverá ser efetuado na repartição competente situada no domicílio do sujeito passivo. Aliás, o Decreto-Lei nº 64.163, de 5 de março de

1969, faculta o recolhimento de tributos federais, através de via postal, por contribuintes domiciliados em municípios não-servidos por estabelecimentos bancários autorizados ou órgão fazendário arrecadador.

Vencimento do crédito tributário. Disposição de cunho acautelatório. O art. 160 do CTN prevê que, nos casos em que a legislação tributária não fixar o tempo exato do pagamento, o vencimento do crédito respectivo ocorre 30 dias após a data em que se considera o sujeito passivo notificado do respectivo lançamento. Não obstante, seja outra a praxe, já que, em regra, a lei prevê os prazos de recolhimento dos tributos por ela regulados, tal disposição visa tão-somente a resguardar os interesses do Fisco. Embora não seja usual, é permitido o desconto pela antecipação do pagamento, nas condições estabelecidas em lei.

Inadimplência. Os motivos ensejadores da inadimplência não tem relevância para os efeitos fiscais, de modo que o crédito tributário não integralmente quitado no vencimento é acrescido de juros de mora, sem prejuízo da aplicação das demais penalidades cabíveis e de quaisquer outras medidas de garantia previstas no CTN ou em lei tributária, isto é, a caução real ou fideijussória.

No tocante aos juros, salvo dispositivo legal em contrário, o CTN afasta-se do Código Civil, pois os juros moratórios são calculados à taxa de 1% ao mês. Entretanto, não se aplica tal disposição na pendência de consulta formulada pelo devedor, no prazo legal para solver o crédito.

Formas de pagamento. O pagamento pode ser efetuado em moeda corrente nacional, cheque ou vale postal. Ainda, nos casos previstos em lei, por meio de estampilha (em desuso), papel selado, bem como por processo mecânico. É facultado ao legislador determinar as garantias exigidas para o pagamento efetuado através de cheque ou vale postal, desde que não o torne desta forma impossível ou mais gravoso que simples pagamento *in pecunia* - O CTN dispõe também que o crédito pago através de cheque somente se considera extinto com o resgate deste pelo sacado. Essa disposição pode parecer, à primeira vista, desnecessária, porém pode ocorrer casos em que o devedor necessite com urgência de determinado documento, dando-lhe quitação e o seu cheque, por exemplo, somente pagável em praça diversa da repartição arrecadadora. Desde modo, resguarda-se de qualquer interpretação futura que não aquela expressamente prevista em lei.

O crédito pagável através de estampilha, se ainda em voga, considera-se extinto com a sua inutilização regular, ressalvado o disposto no art. 150 do CTN. O pagamento efetuado por esse meio não enseja a restituição se perdida ou destruída a estampilha, bem como se houve erro, exceto nos casos expressamente previstos na legislação tributária ou, ainda, naqueles em que o erro seja imputável à autoridade administrativa. Do mesmo modo dispõe o CTN que o pagamento realizado através de papel selado ou por processo mecânico equipara-se ao pagamento em estampilha.

Na hipótese de haver mais de um débito vencido de responsabilidade do mesmo sujeito passivo, em favor da mesma pessoa jurídica de direito público, correspondente ao mesmo ou a diversos tributos, como também, originários da penalidade pecuniária ou juros de mora, determinará a autoridade administrativa competente para receber o pagamento, a respectiva imputação, em função do grau de responsabilidade, obedecidas as seguintes regras legais e na ordem em que a seguir serão enumeradas:

a) em primeiro plano, aos débitos gerados por obrigação pessoal e, em segundo, aos originados por responsabilidade tributária (ver os arts. 134 e 135 do CTN);

b) no que se refere à natureza dos tributos, em primeiro plano, às contribuições de melhorias, a seguir às taxas e, finalmente, aos impostos;

c) no que se refere aos prazos de prescrição, na ordem crescente respectiva;

d) no que diz respeito ao quantum, na ordem decrescente dos mesmos.

De ressaltar, que cada pagamento efetuado somente o crédito a que o mesmo se refere, isto quer dizer que o pagamento de uma das prestações não faz presumir a extinção sobre as demais, assim como o pagamento de um débito não pressupõe a extinção de outros referentes ao mesmo ou a outros tributos, conforme preceitua o CTN em seu art. 158.

De fato, o crédito tributário não integralmente pago no respectivo vencimento acarreta conseqüências para o sujeito passivo da obrigação, isto é, gera outros encargos, tais como juros e multa, até de outros acréscimos legais, salvo quando pendente consulta previamente formulada à autoridade fiscal competente, como estatui o art. 161 do CTN, fato que constitui em relação a estes mais uma modalidade de suspensão da exigibilidade do crédito, conforme já dissemos.

É oportuno pôr em relevo que o sujeito passivo, independente de prévio protesto, tem direito à restituição, também chamada de repetição (pedido de volta), total ou parcial, do tributo pago a maior ou indevidamente, em decorrência de: erro de lançamento ou de revisão; reforma, anulação, revogação ou rescisão da decisão condenatória.

A restituição de tributos, que, por sua natureza, comporta transferência do respectivo encargo financeiro, somente será feita a quem prove haver assumido o citado encargo, ou, no caso de tê-lo transferido a terceiro, estar por este expressamente autorizado a recebê-la (CTN, art. 166).

4.2.2. Compensação

A compensação de crédito, como no direito civil, é possível no direito tributário. Se o contribuinte é credor da Fazenda Pública e vice-versa, podem-se compensar tais créditos. Compete, porém ao legislador, obedecidas as condições e sob as garantias que a lei exigir, ou cuja estipulação em cada caso atribuir à autoridade administrativa, autorizar a compensação de créditos tributários regularmente constituídos em créditos líquidos e certos, vencidos ou vincendos, do sujeito passivo contra a Fazenda Pública. Como exemplo, vale citar o crédito decorrente da restituição do imposto de renda retido na fonte pagadora, entre outros.

Na hipótese do crédito do sujeito passivo ser vincendo, a lei determinará a apuração do seu *quantum*, não sendo possível, porém, impor redução maior do que a correspondente aos juros de 1% ao mês, pelo tempo a fluir entre a data da compensação e a do vencimento.

O Código Civil Brasileiro dispõe o seguinte sobre a matéria:

"Art. 1.009. Se duas pessoas forem ao mesmo tempo credor e devedor uma da outra, as duas obrigações extinguem-se, até onde se compensarem".

"Art. 1.010. A compensação efetua-se entre dívidas líquidas, vencidas e de coisas fungíveis."

"Art. 1.017. As dívidas fiscais da União, dos estados e dos municípios também não podem ser objeto de compensação, exceto nos caso de encontro entre a administração e o devedor, autorizados nas leis e regulamentos da Fazenda."

O Código Comercial, em seu art. 439, reza que:

"Se um comerciante é obrigado a outro por certa quantia em dinheiro ou efeitos e o credor é obrigado ou devedor a ele em outros tantos mais ou menos, sendo as dívidas ambas igualmente líquidas e certas, ou os efeitos de igual natureza e espécie, o devedor que for pelo outro demandado tem direito para exigir que se faça compensação ou encontro de uma dívida com a outra, em tanto quanto ambas concordarem."

O instituto da compensação está contemplado, também no direito processual civil. No direito romano, havia casos em que o juiz deixava de condenar nas custas, e isto era o que se entendia como compensação, cada litigante arcando com as despesas que havia realizado. Era um estímulo a que as partes se compusessem antes da sentença. Mas, modernamente, o sentido é outro, bem diferente: condenação recíproca nas custas em virtude de sucumbência recíproca ou sucumbência de uma parte e conduta culposa da outra.

4.2.3. Transação

A transação é a forma pela qual os interessados previnem ou terminam o litígio através de concessões mútuas. Entretanto, a faculdade de transigir não importa no poder de firmar compromissos (ver a respeito os arts. 1.025 e 1.295, ambos do Código Civil): Desde que por autorização legal, nas condições estabelecidas, os sujeitos ativo e passivo da obrigação tributária podem celebrar transação que, mediante concessões mútuas, resulte em término de litígio e conseqüente extinção de crédito tributário. A Autoridade tributária competente para deferir a transação em cada caso é indicada através de lei.

Da perspectiva do direito civil, transação, já o dissemos, é o meio de os interessados prevenirem ou terminarem litígios, mediante concessões mútuas. Aqui, no campo civilista, a transação deve ser interpretada restritivamente, servindo apenas para declarar ou reconhecer direitos, não para transmiti-los. Nula uma de suas cláusulas, nula será toda ela. Produz entre as partes o efeito de cousa julgada e só se rescinde por dolo, violência ou erro essencial quanto a pessoa ou coisa controversa. Não aproveita nem prejudica senão aos que nela intervieram, ainda que diga respeito à coisa indivisível. Se concluída entre o credor e o devedor principal, desobrigará o fiador. Se entre um dos credores solidários e o devedor, extingue a obrigação deste para com os outros credores. Se entre um dos devedores solidários e o seu credor, extingue a dívida em relação aos co-devedores. Quando versar sobre direitos contestados e não prevalecer em relação a um, fica, não obstante, válida relativamente aos outros. Só é permitida quanto a direitos patrimoniais de caráter privado. Não permite a ação penal pública nas obrigações resultantes de delito. Não tem nenhum efeito quando versa sobre litígio decidido por sentença passada em julgado se dela não tinha ciência alguma dos transadores, ou quando, por títulos ulteriormente descobertos, se verificar que nenhum deles tinha direito sobre o objeto da transação. É admissível na transação a pena convencional. Dada a evicção da coisa renunciada por um dos transigentes, ou por ele transferida à outra parte, não revive a obrigação extinta pela transação; mas ao evicto cabe o direito de reclamar perdas e danos. Se um dos transigentes adquirir posteriormente novo direito sobre a coisa renunciada ou transferida, a transação feita não o inibirá de exercê-lo.

4.2.4. Remissão

A remissão, como a conceitua o direito civil, é o perdão da dívida pelo credor, valendo sublinhar que a entrega ao devedor do título da obrigação o desonera de qualquer responsabilidade. Extingue a dívida.

No campo do direito tributário, o instituto da remissão é visto de uma ótica um pouco diferenciada. Aqui, a autoridade administrativa, por autorização que lhe for deferida em lei, pode conceder, através de despacho fundamentado, remissão total ou parcial do crédito tributário, tendo em vista os seguintes dispositivos legais:

a) situação econômica do sujeito passivo; b) erro ou ignorância excusáveis do sujeito passivo, no que se refere à matéria de fato; c) pequena importância do crédito tributário; d) considerações de eqüidade, e confronto com as características pessoais ou materiais de cada caso em particular; e) condições peculiares a determinada região do território da entidade tributante.

O despacho concessório de tal favor fiscal não gera direito adquirido, aplicando-se quanto possível, o disposto no art. 155 do CTN. Veja-se, também, a tal respeito, os arts. 1.053 e 1.055, ambos do Código Civil.

4.2.5. Prescrição e decadência

Seguindo a ordem do CTN, trataríamos aqui dos citados institutos, porém, visando a atender à disposição do tema do presente artigo, deles nos ocuparemos no final.

4.2.6. Conversão de depósito em renda

O depósito do montante integral do crédito tributário é causa de suspensão de sua exigibilidade, *ex vi* do disposto no art. 151, inciso II do CTN. Vencido o sujeito passivo no litígio, a sentença determinará a conversão do depósito em renda, com o que ficará extinto o crédito tributário. Em síntese, podemos dizer que o depósito de importâncias em litígio é uma das modalidades de suspensão do crédito tributário, suja exigibilidade está sendo examinada na esfera administrativa ou judicial. Há que ser dito que sobre as importâncias depositadas não incidem juros ou quaisquer outros acréscimos, vez que estes são obtidos com os depósitos feitos. Julgado o dissídio, definitiva a sentença e transitada em julgado, em sendo favorável ao Fisco, o depósito acrescido dos juros e demais cominações acessórias, são convertidos em receita e, por via de conseqüência, extinto o crédito tributário que originou a demanda.

4.2.7. Pagamento antecipado e a homologação do lançamento

Nesta modalidade de extinção do crédito tributário, quando se tratar de tributos sujeitos a lançamento por homologação, o sujeito passivo da obrigação tributária faz o pagamento respectivo tomando como base a apuração por ele próprio feita. Considera-se, portanto, que o pagamento foi antecipado, porque feito antes do lançamento.

Nessa modalidade, a extinção do crédito tributário não se verifica com o pagamento, mas com este, somado à homologação do lançamento. Cronologicamente, a homologação é sempre o momento em que se opera a extinção, porquanto ocorre posteriormente ao instante em que o pagamento é efetuado. Vê-se, pois, que o pagamento por homologação, também chamado impropriamente de autolançamento, só extingue o débito depois de homologado pelo sujeito ativo, o que pode ser feito de modo expresso ou tácito. Considera-se tacitamente homologado o lançamento depois de decorridos cinco anos, contados da data em que se efetuou o lançamento.

4.2.8. Consignação em pagamento

Do ponto de vista do direito civil, define-se a consignação em pagamento como uma forma de pagamento que consiste no depósito judicial da coisa ou da importância devida, sempre que o credor se recusar a receber, existindo outros casos de consignação em pagamento previstos em lei.

À luz do direito tributário que, *in casu*, é o objeto de nossas preocupações, o tema dever ser examinado mais detidamente e de forma especializada. Desse ângulo, podemos afirmar que pagar não é apenas um dever, mas também um direito. Por isso existe uma ação apropriada para proteger o direito que tem o sujeito passivo de pagar o tributo. Nos termos do art. 164 do CTN, a ação de consignação em pagamento pode ser proposta nos casos de:

a) recusa de recebimento, ou subordinação deste ao pagamento de outro tributo ou de penalidade, ou ao cumprimento de obrigação acessória;

b) subordinação do recebimento ao cumprimento de exigências administrativas sem fundamento legal;

c) exigência por mais de uma pessoa jurídica de direito público, de tributo idêntico sobre o mesmo fato gerador.

É proveitoso fixar que a ação de consignação em pagamento não se presta para disputa de questões outras, dentro do direito tributário, somente podendo versar sobre o crédito tributário que o consignante pretende pagar (CTN, art. 164, § 1º).

Julgada procedente a ação e transitada em julgado, a importância depositada é convertida em renda, e o pagamento reputa-se efetuado, e por via de conseqüência, extinta a obrigação tributária respectiva.

Julgada improcedente a ação, isto é, vitorioso o Fisco (sujeito ativo), o crédito tributário será cobrado, acrescido de juros de mora, sem prejuízo das penalidades cabíveis (CTN, art. 164, § 2º). Não se quer dizer com isso que sejam cabíveis penalidades pelo fato de que o sujeito passivo foi vencido na ação judicial. Não, as penalidades que a hipótese comporta são as defluentes, naturalmente, do não-pagamento.

4.2.9. Decisão administrativa irreformável

O crédito tributário pode ser extinto mesmo quando ainda se encontra vivendo a fase de constituição. A decisão administrativa que gera esse efeito é a proferida em decorrência da impugnação ou recurso do sujeito passivo e que, reconhecendo ser indevida a exigência, isto é, reconhecendo inexistir a obrigação tributária respectiva, dá por encerrado o procedimento administrativo de lançamento.

Pode-se dizer, a rigor, nesta hipótese jamais existiu crédito tributário, salvo formalmente. Tal como o lançamento, a decisão que o desfaz tem efeito meramente declaratório em relação à substância do direito. O lançamento tem efeito declaratório positivo, ao passo que a decisão que o desfaz tem efeito declaratório negativo relativamente à obrigação tributária.

Na hipótese, há de ser irreformável a decisão, devendo-se, como tal, entender a que for definitiva na esfera administrativa, isto é, aquela que não possa ser reexaminada pela administração, e que não mais possa ser objeto de ação anulatória.

Há quem entenda, inclusive Hugo de Brito Machado, que "a referência feita pelo art. 156, item IX, do CTN, à ação anulatória reflete o pensamento dos que entendem poder a Fazenda Pública ingressar em Juízo pleiteando o anulamento de seus próprios atos."

4.2.10. Decisão judicial passada em julgado

A decisão judicial, julgando a invalidade do lançamento, como é natural, extingue o crédito tributário, desde que transite em julgado. Considera-se que uma decisão judicial passou em julgado ou transitou em julgado quando contra a mesma não cabe mais qualquer recurso.

É imperioso dizer que, em verdade, a decisão judicial, a exemplo da administrativa, tem como conseqüência básica a anulação do lançamento, já feito ou em elaboração pelo sujeito ativo (a administração). É de notável importância a diferença entre a extinção de um crédito tributário validamente constituído e o desfazimento do procedimento de constituição de um crédito tributário sem efetivo suporte legal. No primeiro caso, há extinção da respectiva obrigação tributária; no segundo, extingue-se apenas o crédito, como realidade formal. Dever ser realçado que a obrigação respectiva não existia. Mas, admitindo-se que existia e o anulamento do lançamento ocorreu em face de vício formal, a obrigação sobrevive, ensejando a feitura de novo lançamento para substituir o invalidado.

Algumas outras formas de extinção da obrigação, próprias do direito privado, não raro são utilizadas para extinguir créditos tributários, embora tais formas não sejam contempladas pelo CTN. Tais formas são, entre outras, a confusão que ocorre quando se confundem numa só pessoa as figuras do credor e do devedor. Verifica-se quando, por exemplo, uma pessoa jurídica de direito público credora de contribuinte venha ser deste legatária de bens ou direitos. Outra é a novação que vem a ser a criação de uma nova dívida que extingue a anterior. Diz-se objetiva, quando credor e devedor continuam os mesmos, e que possa deferir os antes referidos institutos.

4.3. DECADÊNCIA E PRESCRIÇÃO À LUZ DA DOUTRINA E DA JURISPRUDÊNCIA

4.3.1. Decadência

Decadência, aos olhos do direito civil, é a perda de um direito por inércia de seu titular. O direito já nasce com prazo certo para ser exercido, o que não se dá com a prescrição, que passa a correr do momento em que nasce a ação. Rios de tinta já foram usados para diferenciar a prescrição da decadência, sendo certo que o resultado obtido não corresponde aos esforços realizados em tal direção. O que de mais positivos se pode afirmar é que a prescrição não extingue o direito a ser alegado por via de exceção, ao passo que o direito decadente não pode ser alegado, nem mesmo por via de exceção. Quando o indivíduo tem um direito que não pode ser demandado por via de ação, mas só por meio de exceção, não prescreve esse direito de opor a exceção porque ninguém pode adivinhar quando é que seremos acionados por alguém. Já no caso de decadência, a situação é diferente, porque o titular do direito tinha a obrigação de agir no prazo que a lei lhe assegurou. Se ficou inerte, perdeu, também, o direito e não somente a ação que o protegia. A decadência chama-se também caducidade.

Do ponto de vista do direito civil, a decadência pode ser vista sobre diversos outros ângulos, porém o que nos move de modo particular nesta nossa tarefa é contemplá-la da ótica do direito tributário e é exatamente o que procuraremos fazer.

O direito à constituição do crédito tributário pela Fazenda Pública, nos termos legais, extingue-se em cinco anos, contados da seguinte forma:

a) do primeiro dia do exercício seguinte àquele em que o lançamento poderia ter sido efetuado;

b) da data em que se tornar definitiva a decisão que tenha anulado por vício formal, o lançamento inicialmente efetuado (ver a tal respeito da Constituição Federal, sobre a apreciação pelo Poder Judiciário de qualquer lesão a direito individual). Devendo ser dito que o direito referido extingue-se, em definitivo, com a fluência do prazo citado, contado da data em que tenha sido iniciada a constituição do crédito respectivo pela notificação regular feita ao sujeito passivo de qualquer medida preparatória indispensável ao lançamento.

4.3.2. Prescrição

A prescrição de que nos devemos ocupar no presente artigo é a extintiva do crédito tributário, porém, para melhor compreensão do assunto, pensamos que devemos iniciar nossa caminhada pelo direito civil, que a define como o meio pelo qual, com o decurso do tempo, alguém adquire um direito ou se libera de uma obrigação. De uma só vez, estão aí previstas as duas espécies de prescrição: a aquisitiva (usucapião) e a extintiva. Esta velha definição de prescrição nos parece boa, clara e elucidativa, suficiente para nos dar o perfil desse instituto tão controvertido quanto rico de particulares que o tornam, cada vez mais, o centro das atenções de seus cultores. Sucede, porém, que esse entendimento não é o da maioria dos autores nacionais que define a prescrição como a perda da ação atribuída a um direito, porque evita discussões para saber se o que prescreve é o direito ou a ação. No direito civil, a prescrição inicia-se nas ações pessoais, do momento em que a dívida tornou-se exigível; nas ações de natureza real, do momento em que foi violado o direito real.

De passagem pelo direito penal, podemos dizer que, antes de transitar em julgado a sentença condenatória, só existe a prescrição da ação. Depois a prescrição é da condenação. A prescrição, também, aqui, extingue o direito do Estado de punir.

Do ponto de vista do direito fiscal (tributário), antes do advento do CTN, discutia-se à saciedade para saber quando prescrevia o direito do Estado à cobrança da dívida fiscal. Durante a vigência da legislação anterior ao Código Civil Brasileiro (1917), admitia-se que os bens públicos prescrevessem em 40 anos, e, por analogia, aplicava-se o mesmo princípio às dívidas fiscais. Posteriormente, passou-se a aplicar os prazos prescricionais fixados pelo Código Civil para as ações de natureza pessoal (30 anos, depois reduzidos para 20).

Alguns impostos determinam o prazo de prescrição, como por exemplo, o imposto de renda (cinco anos a partir do final do exercício em que o imposto era devido, ou seja, seis anos). Segundo o CTN, a ação para cobrança do crédito fiscal prescreve em cinco anos, contados da data de sua constituição definitiva. Como se vê, trata-se de prescrição da ação, e não de decadência para a constituição do crédito tributário, regulada pelo art. 173 do mesmo diploma legal, e que, também, ocorre em cinco anos, contados do primeiro dia do exercício seguinte àquele em que o lançamento poderia ter sido efetuado, da data em que se tornar definitiva a decisão que houver anulado o lançamento anterior por vício formal ou da data em que sujeito passivo for notificado de qualquer medida preparatória indispensável ao lançamento.

Nesta última hipótese, qualquer notificação, posterior à primeira, não interrompe o prazo, porque ele é de decadência, e não de prescrição, e decadência não se suspende, nem se interrompe. Essa, não há dúvida, foi uma excelente medida adotada pelo CTN a favor do contribuinte, que, antigamente, ficava dependente anos e anos do Fisco, que interrompia períodos enormes já decorridos, mediante sucessivas notificações.

Do exposto, conclui-se que o Fisco tem o prazo mais do que dilatado, de 10 anos, para cobrar o crédito tributário, qual seja, cinco para constituí-lo e mais cinco para exercitar tal direito. Entretanto, várias são as causas interruptivas da prescrição:

a) a citação em processo judicial, pessoalmente feita, mesmo que o ato citatório não seja considerado válido, pois, em virtude de disposição legal, posterior ao CTN, basta que a diligência citatória se dê na pessoa do sujeito passivo da obrigação. O ser válida não é mais um requisito essencial;

b) o protesto judicial;

c) qualquer ato judicial que objetive constituir em mora o devedor;

d) qualquer ato inequívoco, mesmo que extrajudicial, reconhecendo o débito, como, por exemplo, solicitando parcelamento do débito e não cumprindo.

Depois dessas breves considerações a respeito da decadência e da prescrição, parece ter chegado o instante de robustecer nossas pálidas incursões sobre o tema com a alentada doutrina sobre a matéria, que mais e melhor dirá no escopo de bem fixar a verdadeira noção acerca daqueles institutos.

O sempre festejado e saudoso Aliomar Baleeiro, comentando o art. 168 do CTN (decadência de repetição), ensina:

"O prazo de cinco anos do art. 157 é de decadência e, portanto, não pode ser interrompido. Vencedor, o sujeito passivo tem de pleitear a restituição dentro dessa dilatação, contada da extinção do crédito, por qualquer meio admitido no CTN, nos casos dos incisos 1º e 2º do art. 165. E a data em que se tornar definitiva, isto é, irrecorrível a decisão administrativa ou judicial que anulou, reformou ou rescindiu a decisão condenatória, no caso do inciso 3º.

Neste último dispositivo, pressupõe-se uma decisão administrativa definitiva, ou judicial, favorável ao sujeito passivo. É o oposto do artigo seguinte.

Discorrendo a respeito de decadência e prescrição, Carlos Vader do Nascimento, de forma objetiva e didática, doutrina:

"Enquanto a decadência atinge o direito, a prescrição recai sobre a ação. Face a isto a ação para a cobrança do crédito tributário prescreve em cinco anos, contados da data de sua constituição definitiva."

O direito tributário, embora seja um ramo do direito público codificado há relativamente pouco tempo (1966), já conta com farta e orgulhante doutrina e jurisprudência. Na doutrina, o júbilo dos cultores do direito é sobejante, porquanto contamos com uma plêiade de juristas de fazer inveja até a países da mais antiga tradição no campo das letras jurídicas e, do mesmo modo, outro tanto pode ser dito acerca da jurisprudência de nossos pretórios, tocantemente ao noviço direito tributário. Por isso mesmo, ou seja, de tanto orgulho, saímos do tema para render esta justa e consciente homenagem aos nossos mestres do ensino do direito, em particular tributário.

Voltando à terra, por assim dizer, falando da decadência e da prescrição à luz da doutrina e da jurisprudência, ocorre-nos a lembrança da ação anulatória e, a esse respeito, preferimos discorrer sobre o tema com as apropriadas e sábias palavras do mestre Baleeiro, ao dizer:

"Prescrição da ação anulatória. Se a decisão administrativa for contrária ao sujeito passivo, denegando-lhe a restituição pleiteada, ele poderá intentar ação judicial de anulação desse ato administrativo.

Mas deverá fazê-lo dentro de dois anos da publicação desse ato. O prazo é de prescrição, e não de decadência. Em conseqüência, interrompe-se pela propositura da ação, mas a prescrição voltará a ocorrer pela metade do prazo a partir da intimação, aliás citação, do representante judicial do sujeito ativo.

Não prescreve, em matéria tributária, a legislação anterior que dispuser de modo diferente sobre prescrição, em geral, contra a Fazenda."

Em consonância com o entendimento esposado pelo grande Aliomar Baleeiro, orienta-se a jurisprudência dominante, como a seguir se demonstra: "É de decadência o prazo para realizar-se o lançamento (RE nº 72.623, Trigueiro, 1972. RTJ, 62/174). Não vale a interrupção da prescrição para o lançamento, segundo o direito anterior, se a lei nova converteu o prazo em decadência, como aconteceu com a Lei nº 2.354/54 (RE nº 68.885, Xavier, 03.04.73, confirmado ERE Trigueiro, 05.09.73)".

Parece-nos oportuno fazer uma breve análise das duas principais construções doutrinárias e jurisprudenciais a respeito da decadência e prescrição tributária, edificação nascida com o advento do CTN (1966). Nesse escopo, vale apenas, portanto, como diz Zelmo Denari, "neste estudo e em breve escorço, realçar esse trabalho, trazendo a cotejo as mais destacadas contribuições colhidas, aqui e ali, em cada uma dessas áreas do conhecimento jurídico, proporcionando, assim, através de amplo debate, uma tomada de posição em tema tão eriçado de dificuldades."

Basicamente, duas correntes doutrinárias e jurisprudenciais, em posições adversas, buscam explicar a definitividade do crédito tributário, nos procedimentos impositivos.

A. *Primeira corrente*

A primeira corrente parte do suposto de que o ato de lançamento formalmente correto - isto é, praticado com observância dos requisitos previstos no art. 142 do CTN - constitui definitivamente o crédito tributário, instaurando-se a partir desse evento, o termo inicial da prescrição. Alguns integrantes dessa corrente não dispensam, *in casu*, regular notificação do contribuinte.

Doutrina. O saudoso e pranteado Fábio Fanucchi - precursor dos estudos tributários desenvolvidos nesta sede - foi, inegavelmente, o grande artífice dessa corrente doutrinária:

"Consideramos constituído, definitivamente, o crédito tributário, em face do direito tributário brasileiro, quando realizado por agente capaz (por quem esteja autorizado a tanto), o ato do lançamento, ou seja, do instante em que, documentalmente, sejam: mencionado o fato gerador de obrigação tributária; determinada a matéria tributável; calculado o montante do tributo devido; identificado o sujeito passivo, e, sendo o caso, proposta a aplicação da penalidade cabível (art. 142 do CTN).

Desde que constem os elementos mínimos citados, o auto de infração é ato eficiente para constituir o crédito tributário."

Dentro, ainda, da mesma corrente doutrinária, vamos encontrar as calorosas opiniões de Ives Gandra da Silva Martins, que assim expressa suas idéias:

"Entendemos que qualquer constituição do crédito tributário é definitiva, se preencher os requisitos do art. 142, não obstante possa ser modificada por novos lançamentos com novas constituições definitivas, não apenas no âmbito de um contencioso administrativo, como também no campo das decisões judiciais.

Admitimos que um auto de infração seja modificado administrativamente, por decisão superior (tribunal administrativo) e ainda judicialmente, por acórdão do tribunal superior, e estaremos perante três situações, todas elas representando lançamento e constituição definitiva do crédito tributário, no momento em que vierem à luz, muito embora apenas a decisão judicial, que obrigue a autoridade administrativa a rever seu lançamento, tenha o condão de constituir o jurídico crédito tributário irrecorrível."

Em síntese, a opinião de Ives Gandra da Silva Martins é a de que, uma vez constituído o crédito tributário, começa a correr um prazo fatal de cinco anos para que prescreva o direito à ação, salvo se for interrompido por qualquer das quatro hipóteses relacionadas no parágrafo único do art. 174 do CTN. Rubens Approbata Machado filia-se também a essa corrente doutrinária, entendendo, em resumo que, "o lançamento tem, portanto, em si mesmo, o seu alicerce na legalidade. Estará ele definitivamente efetivado, no momento em que tiverem sido praticados todos os atos previstos em lei. O lançamento é um procedimento complexo, que se consuma com a prática de vários atos, como emana dos termos de sua conceituação legal (art. 142 do CTN)."

Inúmeros outros doutrinadores se filiam a essa primeira corrente, porém, pelas limitações dos objetivos deste artigo deixamos de opinar sobre as mesmas, não que padeçam de falta de importância, não, muito ao revés.

Jurisprudência. Em continuação, buscamos agora amparo da jurisprudência que acolhe os postulados fundamentais dessa corrente doutrinária e, como exemplo, se nos afigura proveitoso referir aos seguintes julgados de nossos pretórios.

"O recorrente trouxe a confronto acórdão do egrégio Tribunal Federal de Recursos, que traz a seguinte ementa:
'Crédito tributário. Momento de sua constituição. A lavratura do auto de infração pela autoridade fiscal não é apenas início de constituição da obrigação tributária, mas com ele se consuma o lançamento definido no art. 142 do CTN, o qual, uma vez regularmente notificado ao contribuinte, só pode ser alterado nas hipóteses previstas no art. 145, do mesmo diploma legal, tendo os recursos acaso manifestados na órbita administrativa o só efeito de suspender-lhe a exigibilidade. Após tal procedimento administrativo, portanto, não há mais de cogitar-se de decadência' (fls. 141-2).

De fato, com a lavratura do auto de infração, consuma-se o lançamento do crédito tributário (art. 142 do CTN), sendo que os recursos opostos pelo contribuinte na área administrativa têm apenas efeito de suspender-lhe a exigibilidade. Em conseqüência, após o procedimento administrativo, descabe a invocação de decadência." (RE nº 88.967, da 2ª Turma do STF, relator Min. Djaci Falcão, *in* RTJ 90/275).

A ação para cobrança do crédito tributário prescreve em cinco anos, contados da data da sua constituição definitiva.

Esta constituição definitiva é, em nosso direito positivo, função do lançamento, consoante se depreende do art. 142, do estatuto citado: "Compete privativamente à autoridade administrativa constituir o crédito tributário pelo lançamento."

"Cabe, pois, no presente caso, deduzir que o crédito em que se funda a cobrança executiva existente por simples efeito da escrituração das vendas, resultou constituído pela verificação oficial descrita no auto de infração e notificação do devedor, fato este ocorrido em 6 de agosto de 1965..."

Há numerosos outros arestos de nossas Cortes caminhando na mesma direção dessa primeira corrente doutrinária, porém, salvo juízo mais bem medido, entendemos que os que transcrevemos bastam para apontar o rumo de parte expressiva de nossa jurisprudência, que, como já o dissemos, está de mãos entrelaçadas com a antes referida primeira corrente.

B. *Segunda corrente*

A segunda corrente doutrinária e jurisprudencial defende a tese de que, nos procedimentos impositivos, o crédito tributário somente se considera definitivamente constituído:

a) havendo impugnação do lançamento, com a exaustão da instância;

b) com o decurso do prazo para impugnação, *in albis*.

Doutrina. Como no caso anterior, essa corrente tem inúmeros e valiosos seguidores. Dentre eles, Edvaldo Brito, que assinala ser o auto de infração.

"É um dos atos de seqüência que se integram ao procedimento, resultando, como conseqüência prática, a impossibilidade de o auto de infração representar constituição definitiva do crédito tributário.

Seguindo, pois, na linguagem do código, temos entendido que se constitui definitivamente o crédito tributário quando o lançamento torna-se inalterável pela preclusão da revelia do contribuinte em impugná-lo; o resultante da circunstância de, mesmo impugnado, ter sido conformado por decisão transitada em julgado; ou resultante do prazo útil para a iniciativa de ofício da autoridade administrativa nos casos previstos no art. 149 do CTN."

"Neste ponto, conclui-se que há o crédito devidamente constituído. O primeiro configura-se quando a autoridade administrativa percorre todo o *iter* legal descrito no art. 142 do CTN. O segundo, quando se encerra o tempo útil para qualquer das três providências estipuladas no art. 145. Logo, o crédito devidamente constituído nem sempre o está em definitivo, vez que aquele traduz a regularidade da constituição e este, a inalterabilidade da constituição. Uma outra conseqüência prática resultante dessa caracterização procedimental do lançamento é a impossibilidade de o auto de infração representar constituição do crédito tributário."

Outro doutrinador pátrio que se filia a esta segunda corrente é Bernardo Ribeiro de Moraes que, em defesa de suas idéias, afirma:

"... constituição definitiva, já vimos, é a constituição do crédito tributário que não permite mais dúvidas, o que se dá com a notificação do lançamento (abertura da fase oficial) sem que o sujeito passivo contrarie o ato administrativo, ou então, diante da contrariedade, a Fazenda Pública institua afinal o crédito tributário..."

Por seu turno, Sacha Calmon Navarro Coelho pontualiza que a definitividade do crédito tributário tem em seu bojo, fundamentos vários, ao afirmar:

"... O lançamento encontra final, tornando-se definitivo, com fundamento em três atos:

a) preclusão passiva; b) preclusão ativa; c) esgotamento das instâncias..."

Jurisprudência. Frente ao nosso juízo, a doutrina desacompanhada da boa jurisprudência enfraquece-se e, de certa maneira, seu poder de convencimento se apequena. Robustecida por ela agiganta-se, pois, de mãos entrelaçadas, formam larga via por onde transita o direito em sua expressão mais viva e dinâmica, por isso traremos agora à colação alguns dos mais lúcidos e oportunos julgados de nossos tribunais.

Na expressão de Zelmo Denari, iterativa jurisprudência de nossos tribunais... e mais recentemente da

Suprema Corte, localiza na exaustão do procedimento, via decisão final administrativa ou decurso do prazo de impugnação, a definitividade do crédito tributário. Partilham desse entendimento os seguintes julgados:

"Execução fiscal. Inexistência de decisão *extra petita*, de vez que decadência e prescrição constituem institutos afins. Acolhimento da prescrição pela decisão recorrida, em desarmonia com a jurisprudência do STF. Após a lavratura do auto de infração e até que flua o prazo para recurso administrativo, ou enquanto não for decidido o recurso competente de que haja se valido o contribuinte, não pode ser exigida a satisfação do crédito tributário. Somente a partir da constituição definitiva do referido crédito é que ele se torna exigível, começando então a correr o prazo prescricional de cinco anos (art. 174 do CTN). Outrossim, na espécie também não se configurou a decadência, somente admissível no período que antecedo ao da lavratura do auto de infração, com o qual se consuma o lançamento do crédito tributário. Recurso extraordinário provido." (Ementa nº 93.109-1, da Segunda Turma do STF, *in* DJ, 13.12.81, e RE nº 93.568, sessão de 03.02.71, da Primeira Turma do STF).

"Por outro lado, a decisão recorrida, afirmativa de que no prazo da suspensão da exigibilidade do crédito tributário tem curso o prazo de prescrição da ação de cobrança do mesmo crédito, embora não divirja dos acórdãos trazidos à colação pelo Estado recorrente, os quais tratam da prescrição de créditos passivos da Fazenda Pública (Decreto nº 20.910, de 1953), é certo que tem contra si a jurisprudência do STF no sentido de que o prazo de decadência somente se conta antes da lavratura do auto de infração (art. 142 c/c art. 173), e, após este, o prazo da prescrição começa a fluir a partir da decisão do recurso administrativo do contribuinte (art. 174). (RE nº 92.623 da Segunda Turma do STF, e relator Min. Décio Miranda, *in* RTJ 95/918. No mesmo sentido,

RE nº 91.019, Segunda Turma, 22.05.79, DJ 18.06.79 e RE nº 91.812, Primeira Turma, 11.12.79, DJ 08.02.80)."

"Assentou o acórdão que a constituição definitiva do crédito tributário se verifica pelo lançamento, não pela inscrição. Assiste-lhe razão parcial, pois, em verdade, não é com a inscrição, mas com o lançamento que o crédito se constitui definitivamente. Não basta, entretanto, o lançamento, pois sendo ele suscetível de impugnação por parte do sujeito passivo, tal como se depreende do item 1 do art. 145 do CTN, não é definitivo o crédito antes de julgada a impugnação, se esta tiver sido oferecida no prazo legal. Deixando isso de lado, firmou o aresto impugnado, em termos largos, o princípio de que o lançamento como tal opera a constituição definitiva do crédito tributário. Adotando essa regra, nas condições em que o fez, isto é, com abstração dos efeitos da impugnabilidade do lançamento, o acórdão aplicou o art. 174 do CTN onde se dispõe quanto ao início do prazo prescricional, de modo a negar-lhe vigência. (Voto do Ministro Leitão de Abreu, no RE nº 85.587, da Segunda Turma do STF *in* RTJ 89/941.)

4.4. CONCLUSÃO

Ao finalizarmos estas considerações, onde procuramos com breves e leves traços, fixar as várias modalidades de extinção tributária, com realce para a decadência e a prescrição, vistas da ótica abrangente da doutrina e da jurisprudência, importa refletir profundamente a respeito do que fizemos, para, então, concluirmos que infinitamente mais poderia ser dito e feito, com mais e melhores argumentos. Se isso é verdade, não é mesmo certo que, se não tivermos conseguido transmitir o desejado, ao menos ficou a convicção de ser impossível falar em extinção da obrigação tributária, sem antes fixar mais fiel nitidez à verdadeira noção do lançamento em seu verdadeiro e amplo sentido e quando fazemos referência ao lançamento, queremos aludir àquele juridicamente perfeito e acabado, portanto, intangível por qualquer meio, seja administrativo, seja judicial.

Bibliografia

BALEEIRO, Aliomar. *Direito tributário brasileiro*. 10. ed. Rio de Janeiro: Forense, 1986.

BARBOSA NOGUEIRA, Ruy. *Estudos tributários*. São Paulo: Resenha Tributária, 1974.

CASSONE, Vittorio. Direito Tributário. 7.ed. São Paulo: Atlas, 1994.

DE BRITO MACHADO, Hugo. *Curso de Direito tributário*. 3. ed. Rio de Janeiro: Forense, 1983.

DENARI, Zelmo. *Decadência e prescrição tributária*. Rio de Janeiro: Forense, 1984.

GOMES DE SOUZA, Rubens. ATALIBA, Geraldo & BARROS DE CARVALHO, Paulo. *Comentários ao Código Tributário Nacional* (parte geral). 2. ed. São Paulo: Revista dos Tribunais, 1985.

HUGON, Paul. *O imposto - teoria moderna e principais sistemas - o sistema tributário brasileiro*. ed. rev. e aument.

MALTA TORRES, Júnior. *Imposto e taxa*. Ed. Lima/LTR, 1972.

MATTAR DE OLIVEIRA, Jamil. *Legislação constitucional brasileira*. Rio de Janeiro: Forense, 1986.

SÁ, Ana Maria Lopes de. Bases do Direito Tributárop. Tecnoprint, 1981.

VALDER DO NASCIMENTO, Carlos. *Crédito tributário*. Rio de Janeiro: Forense, 1986.

Impresso com filme fornecido pelo cliente por:

LA SALLE
Gráfica   Editora

FONE: (051) 472-5899
CANOAS - RS
1997